마법, 향신료, 노예, 자유, 과학이 얽힌 세계사

설탕, 세계를 바꾸다

Sugar Changed the World:
A Story of Magic, Spice, Slavery, Freedom, and Science

마법, 향신료, 노예, 자유, 과학이 얽힌 세계사
설탕, 세계를 바꾸다

2013년 9월 5일 처음 펴냄
2023년 12월 11일 8쇄 펴냄

지은이 마크 애론슨, 마리나 부드호스
옮긴이 설배환
펴낸이 신명철
펴낸곳 (주)우리교육 검둥소
등록 제 313-2001-52호
주소 03993 서울특별시 마포구 월드컵북로 6길 46
전화 02-3142-6770
팩스 02-6488-9615
홈페이지 www.urikyoyuk.modoo.at

SUGAR CHANGED THE WORLD: A STORY OF MAGIC, SPICES, SLAVERY, FREEDOM AND SCIENCE
Copyright ⓒ 2010 by Marc Aronson and Marina Budhos
By arrangement with the authors. All rights reserved.
Korean translation copyright ⓒ 2013 by URIKYOYUK GEOMDUNGSO
Korean translation rights arranged with BRANDT & HOCHMAN LITERARY AGENTS, INC.
through EYA(Eric Yang Agency).

이 책의 한국어판 저작권은 에릭양 에이전시를 통해
BRANDT & HOCHMAN LITERARY AGENTS, INC. 사와 독점 계약한 (주)우리교육 검둥소에 있습니다.
저작권법에 의해 한국 내에서 보호를 받는 저작물이므로 무단 전재와 무단 복제를 금합니다.

ISBN 978-89-8040-366-0 03900

*이 책의 내용을 쓰고자 할 때는 저작권자와 출판사의 허락을 받아야 합니다.
*잘못된 책은 바꾸어 드립니다.
*책값은 뒤표지에 있습니다.

이 도서의 국립중앙도서관 출판시도서목록(CIP)은 서지정보유통지원시스템 홈페이지(http://seoul.nl.go.kr)에서 이용하실 수 있습니다. (CIP 제어번호:CIP2013016843)

마법, 향신료, 노예, 자유, 과학이 얽힌 세계사

설탕, 세계를 바꾸다

마크 애론슨 Marc Aronson, 마리나 부드호스 Marina Budhos 지음

설탕 노동을 위해 바다를 건넜던 사람들, 그리고
그들의 이야기를 들려주는 데 앞장섰던 시드니 민츠Sidney Mintz 박사에게
이 책을 바친다.

차례

들어가는 글 이 책을 쓰기까지
  마크   11
  마리나   13
  벌꿀의 시대   16

제1부 마법에서 향신료로
  신들과 여러 의례들   22
  ■지도/설탕의 확산   23
  세계 최초의 진정한 대학   26
  신의 폭풍   29
  요새 속 유럽   32
  ■지도/사탕수수 재배지   33
  샹파뉴의 시장들   35
  전쟁으로부터 단맛이 나오다   37
  사탕수수의 문제점   40

제2부 지옥

- ■지도/대서양을 건넌 설탕 47
- 죽음과 단맛의 순환 49
- ■토막 지식/구면체 교역 51
- 설탕 노동 인물화 갤러리 56
- 설탕과 함께하는 고동치는 삶 68
- ■토막 지식/팔마레스 마룬 왕국 70
- 감독관 72
- ■지도/설탕과 대서양 노예제 76
- 유럽으로의 귀환 78
- "최고 품질의 껌" 79
- 설탕의 시대 85

제3부 자유

- 모든 인간은 평등하다 87
- 모든 인간은 평등하다: 아메리카 사례 89
- "개인의 의사에 반하여 다른 사람들을 노예로 만드는 것이 합법적인가?" 93
- 모든 사람은 평등하다: 프랑스 사례 97
- 자유의 소리 99
- 설탕 구매와 죽음의 주 109
- 낙원 속 설탕: "나는 꿈을 찾아서 왔다네." 113

제4부 우리의 이야기로 돌아와서: 새로운 노동자들, 새로운 설탕

새로운 시스템　119

검은 물 건너기　122

■지도/인도인 고용 계약 노동자들(1835~1917)　126

노예제 혹은 자유? 그 중간　127

개혁　130

설탕과 과학　132

농노와 단맛　133

■토막 지식/설탕 천재　135

법률가　137

사티야그라하　140

조사 및 집필 과정
교사들과 도서관 사서들, 그리고 그 외 흥미를 느낀 사람들을 위한
오랜 집필 과정에 대한 짧은 에세이　146

감사의 글　151

연표　155

컬러 이미지를 보기 위한 웹 가이드　159

주석과 출처　161

참고 문헌　175

웹사이트　179

찾아보기　180

사카룸 오피시나룸Saccharum officinarum. 즉, 사탕수수. 로버트 벤틀리Robert Bentley와 헨리 트리멘Henry Trimen의 저서 《약용 식물Medical Plants》(1880년판)의 삽화 (제공: UCLA 루이스 달링 생의학도서관Louise M. Darling Biomedical Library, UCLA 과학을 위한 역사 및 특별 소장품History & Special Collections for the Sciences)

| 들어가는 글 |
이 책을 쓰기까지

마크 Marc

예루살렘에서 지내던 덥고 건조한 어느 날이었다. 햇볕으로 따뜻하게 달궈진 석조 정원에 마리나와 앉아 있는 동안 나는(마크) 설탕과 얽힌 우리 가족의 이야기를 알게 되었다. 내게 늘 풀리지 않은 수수께끼로 남아 있던 가족사의 한 조각을 사촌 한 명이 끼워 맞춰 주었다.

아버지의 가족은 당시 러시아제국에 속해 있었던 우크라이나 출신이었다. 아버지의 아버지(필자의 할아버지) 솔로몬Solomon은 그곳 키예프에서 랍비 수장이었다. 솔로몬 할아버지는 1300년대까지 거슬러 올라가는 랍비들의 오랜 계보를 잇는 마지막 인물이었다. 할아버지는 유대인 공동체와 기독교도 사이에서 가교 역할을 한 진취적인 생각을 가진 랍비였다. 그는 변화의 시기가 다가오고 있음을 직감하고 어떻게 하면 이스라엘 땅을 건설할 수 있을지 그 활동에 직접 가담했다.

솔로몬 할아버지는 가족을 텔아비브로 옮기고 그곳에서 여러 지도자들과 함께 유대인 공동체 지도자가 되었다. 그런데 그가 미처 계산에 넣지 못했던 한 가지 변화가 일어났다. 아들 아브람Avram이 아내를 맞이한 것이었다. 솔로몬 할아버지의 큰아들이자 내 큰아버지인 아브람은 그보다 앞선 시대에 태어난 장남들 열일곱 명과 마찬가지로 랍비가 될 운명이었다. 하지만 제1차 세계대전 중 독일 포로수용소에 갇혀 있는 동안 아브람은 불그레한 눈동자를 가진 러시아인 기독교도와 사랑에 빠지고 말았다. 할아버지의 거센 반대를 무릅쓰고 그들은 결혼했다. 큰아버지는 솔로몬 할아버지가 임종을 맞이하면서 자신을 용서할 때까지 부모님 댁에 발을 들이지 못했다.

큰어머니가 된 니나Nina는 가족 가운데 늘 신비로운 인물이었다. 영화배우처럼 아름다웠고 식견이 높았으며 우아하면서도 볼이 넓은 슬라브계였다. 그녀는 러시아어만 구사했지만 성년의 삶 대부분을 텔아비브에서 지냈다. 그녀가 본래 귀족 출신이었고 한때 대단한 부자였다는 소문이 떠돌았다. 큰어머니와 큰아버지는 호사스러운 부부로 여겨졌다. 그는 뜬구름 잡는 생각을 많이 하는 호감 가는 인물(이디시어에서 그런 종류의 사람을 루프트멘시*luftmensch*라고 일컫는데, "몽상가"란 뜻이다.)이었고, 그녀는 그와 함께하기 위해 모든 것을 내던져 버린 신비스러운 미인이었다.

나는 묘한 매력을 지닌 큰어머니에 관해 더 알고 싶었는데 마침 사촌이 내게 들려줄 만한 이야기를 많이 알고 있었다. 큰어머니는 자신의 할아버지가 러시아 농노, 곧 토지를 소유한 귀족에 의해 매매될 수 있는 농부였다고 말했다. 가족사에 따르면 그녀의 할아버지는 농노에 불과했지만 상당히 뛰어나고 지적인 인물로서 설탕 역사의 흐름을 바꾸는 데 기여했다고 한다. 1800년대 초반 영국인들은 카리브 해 연안 지역에 있는 설탕 농장 대부분과 유럽으로 향하는 항로를 지배했다. 그 결과 그들의 경쟁자들은 설탕을 얻기 위한 새로운 길을 찾고자 혈안이 되어 있었다. 그들은 사탕무로 눈을 돌렸다.

큰어머니의 할아버지의 발명품이 무엇이었는지 우리는 정확히 모르지만, 전해지는 이야기에 따르면 그는 생사탕무에 눈부신 색상을 가미하는 법을 알게 되었다. 러시아에서 오스트리아 비엔나의 카페들로 찾아온 사람들은 이제 유럽 땅에서 생산된 값싸고 매력적인 설탕을 살 수 있게 되었다.

농노들은 거주지나 일터를 선택할 권리가 없었으므로 많은 면에서 노예와 같았다.

그렇지만 큰어머니의 할아버지는 자신의 발명품을 통해 매우 많은 돈을 벌었고 주인으로부터 자유를 살 수 있었다. 그리하여 그는 아주 큰 부자가 되었다. 엄청난 부자가 된 후 그는 볼가 강 연변에 있는 토지 한 뙈기를 구매하는 한편, 딸을 강변 토지 옆에 있는 땅을 소유한 한 귀족의 아들에게 결혼시켰다. 그들은 이 중요한 물길을 따라 펼쳐진 드넓은 토지를 통제하는 등 함께 일종의 작은 제국을 만들었으며 이 지역에서 최초로 자동차를 산 가족이 되었다.

불행하게도 귀족의 아들은 매우 잔혹했고 결국 큰어머니의 어머니는 결혼 생활에서 뛰쳐나와 차르를 찾아가 결혼 무효를 요구했다. 차르는 러시아정교회 아래에서 이혼은 있을 수 없다고 설명했다. 하지만 만약 그녀가 자신에게 충분한 돈을 준다면 그녀 자신과 딸 니나가 러시아를 떠나는 것을 허락하겠노라 제안했다. 그래서 설탕 발명가의 딸은 다이아몬드와 금을 들고 어린 니나와 함께 베를린으로 향했다. 하지만 다이아몬드와 금은 거의 대부분 제1차 세계대전 기간 중 잃어버리고 말았다. 재산 가운데 남은 거라고는 다이아몬드 한 개였다. 그것을 내 사촌 나오미Naomi는 이스라엘에 있는 자기 집 서랍에 꼭꼭 숨겨 두었다.

마리나Marina

나(마리나)에게 설탕 이야기는 카리브 해 지역 아래에 있는 하얀 집에서 시작된다.

어린 소녀 때부터 나는 가이아나Guyana에 있는 우리 집에 관해 들어 왔다. 그 집은 아름다웠다. 그 집은 줄지어 늘어선 창문이 달린 길고 하얀 상자 같았고 각 창문은 정교하게 만든 격자무늬 덧문으로 빛을 가릴 수 있었다. 홍수가 잘 나는 이 지역의 다른 모든 집들과 마찬가지로 이 집도 가느다란 기둥 위에 앉혀 있었다. 그 아래 보텀하우스bottomhouse(통풍과 제습을 위해 지면과 건축물 사이를 띄는 빈 공간 - 옮긴이 주)

라 불리는 공간이 있었고 거기에서 닭들이 우쭐거리듯 활보했다. 집 안에는 폴란드에서 수입된 가구들이 있었고 광택이 나는 목재 바닥재가 깔려 있었다. 서랍 안에는 금과 루비와 다이아몬드로 만든 고모들의 보석들과 손으로 한 땀 한 땀 기워 만든 드레스들이 가득 들어차 있었다. 이 드레스들은 다른 시골 아낙들이 입던 평상복보다 정교했다.

내 증조부모는 19세기 후반 설탕 농장에서 일하고자 인도에서 가이아나(당시 영국령 기아나)로 왔다. 설탕은 당시 대영제국의 중추나 다름없었다. 설탕이 오직 왕들만이 쓰던 사치품에서 필수품으로 발돋움했기 때문에, 그 수요는 막대했다. 런던의 상점에서 일하는 여점원들조차도 차에 설탕을 넣어 마셨다.

대영제국에서 노예제는 미국의 노예해방선언(1863년)보다 30년 앞선 1833년에 폐지되었다. 그러나 설탕 농장주들은 노예를 해방시킨 후에도 사탕수수를 베고 설탕을 만들 값싼 노동자를 구하는 데 혈안이 되어 있었다. 그래서 영국인 주인들은 제국의 다른 쪽, 곧 인도로 눈길을 돌려 남녀 수천 명을 모집한 후 그들에게 5년짜리 계약서와 함께 배표 한 장을 쥐어 주었다. 인도 사람이 해외로 가는 일은 간단한 문제가 아니었다. 인도를 둘러싸고 있는 대양의 "검은 물"을 건넌 사람은 "금단의 땅으로 간 것"으로 일컬어졌다. 그 사람은 더 이상 자신의 고향에 머물 곳이 없게 되며 특별한 의식을 거친 후에야 비로소 귀향이 받아들여질 수 있었다. 그들에게 인도를 떠나는 일은 진정 고향을 포기하는 것을 의미했다. 하지만 일부 사람들, 예컨대 우리 가족들에게 그것은 좀 더 나은 삶을 향해 주어진 단 한 번의 기회였다.

우리 가족이 살던 하얀 집은 할머니가 가져오신 지참금이었다. 할머니는 키가 크고 피부색이 밝은 분이었다. 그녀는 영국의 플랜테이션 체제 아래서 부를 누렸던 집안 출신이었다. 우리 집은 레터 케니Letter Kenny에 지어졌다. 이 작은 마을은 가이아나의 동쪽 끝 외딴곳에 있었고 현재 수리남이라 불리는 땅의 경계에서 멀지 않았다. 우리 집에는 땅 조금과 부리는 일꾼 몇 명이 있었다. 아버지는 어쩌다 새우를 잡곤

했던 물길에 관해 이야기하곤 했다.

외증조할아버지는 농장 노동자들을 감독하는 사령관sirdar으로 선발되었으며 그 계약이 만료된 후 땅을 구매하여 부자가 되었다. 그것이 증조부가 딸을 시집보내면서 지참금으로 큼지막한 집 한 채를 우리 할아버지에게 넘겨줄 수 있었던 이유였다. 할아버지 또한 몇 개의 플랜테이션 농장에서 좋은 자리를 차지하고 있었다. 할아버지가 자식들을 교회에서 결혼시키기로 결심하고 그에 따라 자식들이 모두 기독교도가 된 것은 다른 마을 사람들 눈에 "높은 사람"으로 비쳤다. 우리 가족들은 성공 가도를 달리는 것처럼 보이는 집안이었고 특히 사내아이들은 밝고 전도유망한 학생들이었다. 집안의 모든 여자아이들은 서구식 옷을 입었고 마멀레이드와 통조림으로 된 정어리 같이 호사스러운 수입 식품을 먹었다. 남자아이들은 들판에서 일하지 않아도 되었다. 에일린Eileen이란 딸은 선교사가 되었다. 그녀는 부산스럽고 날카로운 눈빛을 지녔고 이 지역 일요 학교Sunday school에서 엄격하게 학생들을 지도했다. 우리 아버지는 끝끝내 미국에서 장학금을 받고, 당시 서인도제도에서 학생들을 모집하고 있던 하워드 대학Howard University(현 미국 수도 워싱턴 소재-옮긴이 주)에 간 후 교사가 되었다.

살림살이가 어려워졌을 때든, 큰아버지가 말썽을 일으켰을 때든, 불쌍한 고모들이 늙고 나이가 들어 옴짝달싹 못한 채 한때 그녀들이 깔보던 마을 사람들 손에 보살핌을 받을 때든, 우리 가족은 그 집에서 눌어붙어 있었다. 그들은 오빠와 내가 집을 물려받을 날을 이야기했다. 그 집은 영국의 작은 식민지에서 한 집안이 성장해 온 자랑스러운 상징물로서 설탕 위에 지어진 것이었다.

결국 나는 우리 집의 운명을 두 눈으로 확인하고자 가이아나를 방문했다. 우리 차가 오래된 설탕 농장을 지나는 동안 드넓은 하늘을 마다하고 휘어져 있는 야자수들과 빽빽하게 빛나는 이랑을 따라 자라는 무성한 사탕수수, 유력 가문의 저택들을 둘러싸고 있는 땅들로 구성된 마을들을 보면서 나는 문득 설탕이 이 고장을 존재하게 한 모든 이유였다는 사실을 깨달았다. 설탕 결정과 당밀, 럼주를 제조하는 사탕수수

공장 한 채가 이따금 평평한 평원의 풍경 위에서 거대한 유령처럼 불쑥 모습을 드러내 보이곤 했다.

레터 케니에 도착한 후, 우리 집은 오래전에 없어졌고 땅은 우리 고모들이 죽기 직전에 팔려 그곳에 자동차 수리점이 들어섰다는 사실을 알게 되었다. 남아 있는 것이라고는 콘크리트 조각들과 낡은 배관 몇 개, 그리고 누군가에게 들려주길 기다리고 있는 역사 한 토막뿐이었다.

다이아몬드와 집: 두 가문의 보물들, 설탕 이야기 두 가지.

우리는 우리 두 가문, 곧 노예를 대체하려고 가이아나로 오게 된 마리나의 증조할아버지와 증조할머니, 그리고 대체제를 설탕과 똑같은 것으로 정제시키는 데 일조한 마크네 큰어머니의 할아버지 이야기가 놀랄 만한 하나의 실체와 얽힌 훨씬 더 큰 이야기의 시작이었다는 사실을 깨달았다. 그것은 수백만 명의 이동에 관한 이야기이자 크게 늘렸다가 탕진해 버린 재산에 관한 이야기이며 잔혹과 기쁨의 이야기다. 이 모든 것들은 우리의 커피 한 잔 속으로 뱅글뱅글 녹아들거나 혹은 한 조각 케이크 위에 올라가는 작은 설탕 결정들에서 비롯된 것이었다. 설탕이 세계를 변화시켰다는 사실을 우리는 목도하기 시작했다.

벌꿀의 시대

설탕 이전의 시대, 곧 당신의 혀 위에서 녹는 하얀 곡물들이 지구상 어디에도 존재하지 않던 때가 있었다. 역사가들은 무기와 도구에 사용된 금속들을 언급하며 철기시대, 청동기시대를 말한다. 하지만 우리는 바로 그와 마찬가지로 처음 수천 년 동안의 인류 역사를 벌꿀의 시대the Age of Honey라고 일컬을 수 있다.

    스페인의 한 바위그림은 기원전 7000년경부터 산비탈을 기어 올라 바위틈에서 벌집을 발견하고 꿀을 따는 한 남자의 모습을 보여 준다. 얼음으로 뒤덮이지 않은 유럽이나 아프리카, 아시아의 거의 어디에 서건 운 좋은 방랑객이라면 벌집을 우연히 발견하고 벌에게 몇 방 쏘이는 위험을 감수하더라도 이 특식을 들고 떠날 수 있었다. (아메리카 대륙에는 벌들이 전혀 없었고 사람들은 단풍나무나 아가베 선인장agave cactus, 짓이긴 과일에서 얻은 시럽을 감미료로 사용했다.) 그때 누군가가 사람들이 행운에 의지할 필요가 없다는 것을 생각해 냈다. 벌들 가까이에 있는 통나무에 구멍을 파면 벌들이 그것을 자신들의 집으로 만들 것이다. 사람들은 벌을 "키울" 수 있게 되고 벌을 찾아다닐 필요가 없게 되었다.

    벌꿀의 시대에 인류는 거주지 주변 지역에서 단맛을 맛보았다. 거의 향수나 다름없는 연한 오렌지 꽃향기에서부터 흙내와 곡물 향이 나는 진한 메밀 향에 이르기까지 벌꿀에서는 그 지역에 자생하는 꽃향기 같은 맛이 난다. 그리고 그것은 꿀벌을 유혹하는 일종의 물질이었다. 꿀벌은 매우 열심히 일한다. 자신을 보호하고 보필하는 일벌에 둘러싸인 여왕벌을 관찰하기란 쉬운 일이다. 사람들에게 단맛의 선물을 가져다주는 한편 인간의 삶의 거울로서 기능하는 점, 이른바 충성스러운 신하들의 보필을 받는 왕이나 여왕을 보여 주는 점

스페인에서 발견된 바위그림 두 점은 절벽을 기어올라 벌꿀을 찾는 꿀벌 사냥꾼들의 모습을 보여 준다. 이 그림들은 기원전 7000년경에 제작된 것으로 벌꿀 채취의 가장 초기적 형태를 묘사하고 있다. (에바 크레인Eva Crane, 《양봉과 벌꿀 채취의 세계사World History of Beekeeping and Honey Hunting》)

에서 고대인들에게 벌집은 완벽한 것이었다.

꿀은 삶의 방식이었다. 사람들은 부모들과 조상들이 그랬던 것처럼 자신들 곁에서 자란 음식을 먹었고 왕들과 귀족들, 그들보다 높은 사람들에게 경의와 존경을 표했다. 벌집 안의 벌들이 인간이 어떻게 살아가야 하는가에 대한 하나의 모델로 여겨졌기 때문에 로마의 시인 베르길리우스Virgil 기원전 70~19는 벌들에게 신들의 불꽃이 담겨 있는 것으로 여겼다.

어떤 이들은 벌들에게
신의 지혜 한 조각이 주어져 있다고 말한다.

설탕은 꿀과는 다르다. 그것은 보다 강한 단맛을 제공하며 강철이나 플라스틱처럼 발명되어야 했다. 설탕의 시대에 유럽인들은 수천 킬로미터 떨어진 곳에서 만들어지면서도 길가에서 얻는 꿀보다 덜 비싼 상품을 구매했다. 그것은 단지 설탕이 사람들을 전 세계에 걸쳐 이동하도록 유도했기 때문에 가능했다. 그들 가운데 수백만 명은 사슬에 묶인 노예로서, 또 다른 소수의 사람들은 부를 찾아 이동했다. 이러한 완벽한 맛은 가장 잔혹한 노동에 의해 구현될 수 있었다. 그것은 설탕의 어두운 이야기이다. 또한 다른 이야기도 있다. 인류의 지식이 확장되고 거대한 문명과 문화들이 사상을 교환함에 따라 설탕에 관한 정보는 확산되었다. 사실 설탕은 노예제가 확산되는 직접적인 원인이었던 한편으로, 그것으로 야기된 지구 규모의 연결은 또한 인간의 자유를 향한 가장 강력한 사상들을 키웠다.

설탕은 우리 모두가 원하는 맛이며, 우리 모두가 갈망하는 맛이다. 전 지구에 걸쳐 사람들은 어디에서든 단맛을 손에 넣기 위해 어떤 일이든, 그 어떤 무엇이 되었든 기꺼이 해 왔다. 우리는 처음으로 설탕을 맛보았을 때 그것이 얼마나 황홀했는지 정확히 알고 있다. 루이스와 클락 탐험대the Lewis and Clark Expedition가 쇼쇼니족the

Shoshone을 우연히 마주쳤을 때, 새커거위아Sacagawea(탐험대에 동행한 쇼쇼니족 여성-옮긴이 주)는 추장에게 조그마한 설탕 조각을 건넸다. 그 이전에 추장은 예전 세계의 물품들을 거의 접해 본 적이 없었다. 추장은 "자신이 지금껏 맛본 것 가운데 최고"라고 말하면서 그것을 아주 좋아했다. 설탕은 배고픔과 욕망을 창조해 냈다. 설탕을 향한 욕망은 세계의 한쪽 끝에서 또 다른 한쪽 끝까지 휩쓸고 지나면서 가장 끔찍한 비극과 파괴를 낳았다. 또한 설탕은 자유를 향한 가장 고무적인 사상을 창출했다.

설탕은 세계를 바꾸었다.

우리는 설탕을 결코 충분히 잘 알지 못했던 한 남자의 일화로부터 이 이야기를 시작하고자 한다.

1901년에 촬영된 이 사진에서 미국인 소년 둘이 사탕수수를 맛있게 먹고 있다. 그들은 아마 사탕수수 밭에서 일도 했을 것이다. 사탕수수는 에너지 원천이자 저주였다. (미국 의회도서관)

제1부
마법에서 향신료로

때는 기원전 326년이었다. 알렉산더대왕^{재위 기원전 336~323}은 현재 파키스탄에 위치한 인더스 강에 서 있었다. 10년 동안 그와 그리스 병사들은 아시아의 지배자들이었던 강력한 페르시아인들을 무찌르며 당시까지 알려진 세계를 지나 전투를 벌이며 전진해 오고 있었다. 알렉산더가 이룬 일련의 승리들은 오로지 모든 것을 정복하고 모든 것을 터득하겠다는 그의 굶주림만을 채워 주었다. 그러나 그의 병사들은 멈춰 섰다. 싸움에 지친 그들은 고향을 그리워하며 전진하기를 거부했다. 알렉산더는 아시아를 계속 정복해 나갈 수 없다는 사실을 깨달았다. 하지만 그는 호기심에 넘쳐 탐험을 멈추지 못했다. 그는 이미 800척 규모의 선단을 건조한 상태에서 절친한 친구인 네아르쿠스Nearchus를 사령관으로 임명하고 뱃길을 따라 인도 해안을 탐험하도록 파견했다.

우연히 "달콤한 갈대sweet reed"를 발견하는 이는 네아르쿠스다. 그리스인들은 약 1세기 전에 살았던 저술가인 헤로도토스의 저작들을 통해 인도(실은 오늘날 인도와 파키스탄을 포함하는 인도아대륙)에 있는 무언가를 알고 있었다. 헤로도토스는 페르시아 황제 다리우스 1세^{재위 기원전 522~486}가 기원전 510년경 인도를 정복했고 그의 병사들이 꿀을 생산하는 한 줄기 달콤한 갈대를 발견했다고 보고했다.

페르시아인들이 발견한 갈대는 십중팔구 사탕수수였다. 길고 가느다란 사탕수수 줄기는 대나무를 닮았다. 사탕수수는 옹이들로 마디가 지어진 나무 같은 껍질이 있다. 껍질을 벗겨 내면 회색빛이 도는 내부는 촉촉하고 달콤하다. 그것을 이 사이로 빨아들일 수 있고 주스에 넣어 마실 수 있다. 오늘날까지도 여러분은 열대 지역 시장마다 쌓여 있는 사탕수수 더미를 찾을 수 있다. 그리고 그것은 구매자들에게 막대 사탕과 건강 음료 사이 어디쯤에 놓여 있는 신선한 맛을 제공할 것이다.

네아르쿠스 또한 출항하여 탐험했을 때 "꿀벌은 없지만 꿀을 생산하는", "갈대"를 발견했다. 천성적으로 호기심이 강한 그리스인들은 사탕수수를 알게 된 것에 대해 기뻐했지만 그것은 단지 자연 세계에 관한 또 한 가지 흥미로운 사실일 뿐이었고, 한 가족이 최근에 구경한 풍경을 순차적으로 보여 주는 여름방학 때 산 우편엽서와 같은 것이었다. 어느 누구도 그 "갈대들"이 꿀벌의 시대, 윙윙거리며 날아다니는 꿀벌 세상에 종말을 가져올 것이라고는 전혀 짐작하지 못했다.

신들과 여러 의례들

사탕수수의 기원은 오스트레일리아 바로 북쪽에 있는 오늘날 뉴기니New Guinea로 불리는 섬으로 거슬러 올라갈 수 있다. 사탕수수는 아마 그리스인들이 찾아오기 5천여 년 이전에 이 섬에 사는 인간들에 의해 처음으로 경작되었을 것이다. 처음에 사탕수수는 단순히 맛 좋은 하나의 야생식물에 불과했다. 그 후 사람들은 사과나무나 산딸기 덤불을 가꾸는 법을 알아낸 것과 마찬가지로 그것을 재배하는 법을 깨쳤다. 이 달콤한 식물에 대한 지식은 뉴기니로부터 북쪽으로 아시아 내륙까지 천천히 확산되었다. 폴리네시아인 선원들도 또한 사탕수수를 가지고 섬에서 섬으로 항해한 결과 기원후 1100년경 하와이에 당도했다.

   그러나 설탕에 관한 최초의 기록은 종교적이고 주술적인 의식들에 공물로 설탕을 사용한 인도에 있다.

   최초의 피라미드가 이집트에 세워지기 이전 고대 수메르인들은 인더스 강을 따라 살고 있던 하라파Harappa인과 모헨조다로Mohenjo Daro인들과 상거래를 했다. 불행히도 우리는 이들 고대 도시들에 남겨진 문자를 여전히 해독할 수 없다. 따라서 우리에게

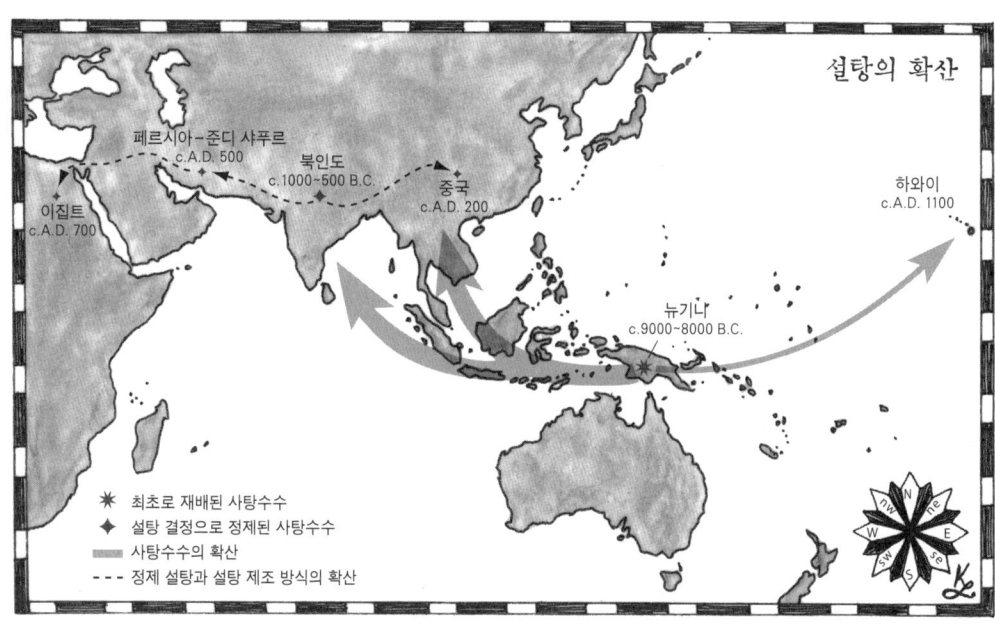

23

그 지역의 삶에 관해 들려줄 최초의 문서는 훨씬 나중에야 출현한다.

이들 힌두 경전은 아마도 기원전 1500년에서 900년 사이의 어느 시기에 처음으로 수집되었고 주의 깊게 암송되었을 것이다. 백여 년 후에 비로소 마침내 그것들은 필사되었다. 힌두 경전들은 불을 대단히 중요하게 여기는 한 종교에 대해 언급한다. 사람들은 신들이 인간에게 불을 내려 주었다고 믿었다. 하지만 동시에 불은 인간이 신들에게 다가가는 하나의 방법이었다. 특별한 불 위에 공물을 올려놓은 뒤에 사제 한 명이 그것들을 연기로 승화시켜 신들께 올려 보낼 수 있었다. 다섯 가지 진상품이 이 특별한 화염 위에 선정되어 올라왔다. 우유, 치즈, 버터, 꿀 그리고 설탕이었다.

초기 힌두 경전들 가운데 하나인 《아타르바베다Atharva Veda》는 사탕수수로 만든 궁수의 활에 대해 이야기한다. 《아타르바베다》는 사탕수수가 둥근 원을 형성하며 자라는 것을 가리켜 연인을 위한 일종의 달콤한 보호벽으로 묘사한다. 그것은 사탕수수를 어떻게 이용하는지에 대해 구체적인 설명도 덧붙이고 있다.

가장 중요한 여신인 두르가Durga를 경배하고 도움을 청하기 위해 누워서 삼각형의 화로를 마주 보십시오. 그러고 나서 신성한 언어를 말하면서 준비한 제물을 불 속에 올려놓으십시오.

두르가 여신을 경배하는 축제 준비를 위해 여신상을 손질하고 있는 장면. 이 사진은 인도에서 최근 촬영된 것으로 두르가 여신은 현재도 적극적으로 추앙받고 있다. (람 라흐만 Ram Rahman 제공)

《아타르바베다》에 수록된 이 도해는 두르가 여신에게 공물을 바치기 위해 삼각형 화로를 어떻게 배치해야 하는지를 보여 준다. 삼각형 주변 기호들은 제단이 하나의 방향, 곧 남쪽을 향해야 한다는 점을 지칭한다. (1889년 간행된 학술지 American Journal of Philology에서 전재)

사탕수수는 이제 불과 연관된 의식들에서 하나의 구성 요소가 되었다. 아마도 아주 여러 차례 공물로 바쳐진 이후에 한 사제가 사탕수수의 즙이 올바른 방식대로 끓여질 경우 그것이 달콤한 암갈색의 결정 덩어리가 된다는 사실을 알게 되었을 것이다. 어쩌면 그러한 변형 자체, 즉 거무스름한 모래 알갱이처럼 보이는 어떤 것으로 변하는 가열된 액체는 마법적인 것으로 비쳤다. 《아타르바베다》에서 사탕수수는 이크슈*ikshu*로 불리는데, 이는 "그 달콤함 때문에 사람들이 원하거나 갈망하는 것"을 의미한다. 그러나 한번 사람들이 설탕 결정을 만드는 법을 알게 되자, 그들은 샤르카라 *sharkara*라는 이름을 사용하기 시작했다. 그것은 또한 "자갈"을 뜻했다.

인도인들은 설탕을 비록 의례들에 사용했지만 그들은 또한 사탕수수 토막을 먹

설탕은 근대에 들어서도 인도에서 지속적으로 재배되었다. 이 그림은 1854년에 제작되었다. 코끼리들이 실제 이런 식으로 쟁기를 끌었는지 혹은 이곳을 방문한 화가가 그저 상상해서 그린 것인지는 불확실하다. (미국 의회 도서관)

는 것을 즐겼다. 고대 인도어인 산스크리트어에서 "설탕 한 조각"을 가리키는 말은 칸다khanda이다. 그것은 페르시아어를 거쳐 아랍어로, 다시 유럽으로 전해지면서 캔디candy(사탕)가 되었다. 설탕은 고대 인도에서 세 번째 용도가 있었다. 그것은 약물로 여겨졌다. 오늘날 영어 표현 중에 "설탕 한 숟가락이면 약을 삼키는 데 도움이 된다A spoonful of sugar helps the medicine go down."는 말이 있다. 그런데 고대로부터 아주 최근까지도 설탕 그 자체는 치유의 수단이자 하나의 약물이었다. 설탕 확산의 다음 단계는 전 세계 지식의 교차로였던 한 대학을 통해서 이루어졌다.

세계 최초의 진정한 대학

오늘날 사람들은 준디 샤푸르Jundi Shapur에 대해서 거의 들어 보지 못했을 것이다. 하지만 그것이 존재하던 시대에 준디 샤푸르는 매우 이례적인 대학이었다. 준디 샤푸르는 400년에서 500년 중엽의 어느 때에 현재의 이란 지역에서 건립되었다. 우리는 단지 건립 시점을 추정할 수 있을 뿐이며 그 학교에 관해서 아는 바가 없다. 그곳은 세계의 위대한 사상가들이 만나는 장소였다. 529년 기독교도들은 소크라테스학파, 플라톤학파, 아리스토텔레스학파와 연결된 마지막 끈이었던 아테네의 학교를 폐쇄했다.

카스라 아누시르반Kasra Anushirvan("정의로운 군주 카스라")은 531년에서 579년까지 사산 제국을 통치한 군주였다. 그가 집권할 당시 준디 샤푸르 대학은 세계 지식의 중심이었다. 오른쪽 그림에서 그는 인도에서 온 사절을 영접했는데, 이 사절이 카스라에게 체스 게임을 보여 주고 있다. 체스는 분명 그의 치세에 페르시아로 전래되었다. 그것은 준디 샤푸르에서 이른바 사상과 지식의 교환이 이루어졌음을 보여 주는 실례다. 이 삽화는 페르시아 서사시 《제왕의 서Shahnama》에서 발췌한 것이다. 이 서사시는 신비로운 과거에서 시작하지만 실재했던 일련의 군주들 이야기를 포함하고 있다. 피르다우시Firdowsi의 시에는 여러 삽화들이 그려져 있으며 《제왕의 서》 프로젝트Shahnama Project의 홈페이지를 방문하면 그림 6천여 점을 직접 볼 수 있다. 159쪽에 있는 컬러 이미지를 보기 위한 웹 가이드를 보라. 위 그림은 인도에서 출간된 1437년 판본에서 가져온 것이다. ("아누시르반에게 헌상된 체스" Or, 1403년 F419v, 대영도서관)

나머지 그리스인 학자들은 준디 샤푸르로 이주해 갔다. 유대인들도 여기에 가담했다. 네스토리우스파로 불렸던 기독교의 한 유파가 그랬던 것처럼 유대인들도 자신들만의 고대적·학문적 전통이 있었다. 페르시아인들은 자신의 목소리를 가미했으며 지혜로운 이 박사들 가운데 한 명이 현재 인도라고 불리는 지역으로 가서 힌두인들의 지혜를 수집하고 번역했다. 이 학교는 환자가 치료를 받는 동시에 젊은 박사들이 의술을 익히는 장소로서뿐만 아니라 천문 현상을 관찰하는 우수한 관측소로서 세계 최초로 대학 부설 병원을 창설했다. 중국 서쪽의 가장 우수한 학자들은 모두 준디 샤푸르에 모여 사고하고 함께 학습했다.

600년대 이 학교의 박사들은 인도에서 도래한 샤르카라 sharkara라는 이름이 붙은 한 약물에 대해서 기록해 놓았다. 페르시아인들은 그것을 샤케르 shaker라 불렀고 이것이 곧 슈거 sugar(설탕)가 되었다. 정말로 준디 샤푸르의 학자들이 사탕수수에서 설탕을 정제하는 새롭고 보다 뛰어난 방법들을 창안했다. 이 학교는 아시아, 지중해, 유럽의 거대 문명들과 많은 부분들이 연계되어 있었기 때문에 슈거라는 단어와 그 특별한 단맛을 맛보는 경험이 확산되기 시작했다. 그러나 그것이 사람들이 여러 가지 달콤한 케이크를 굽고 그 위에 설탕 과자를 올리기 시작했다는 것을 의미하지는 않는다.

사산 제국의 군주 카스라는 지금까지도 경배되고 있다. 사진에 보이는 그의 조각상은 이란의 수도 테헤란에 있는 법원의 벽을 장식하고 있다. (이란 KDI 제공)

오늘날 우리는 일반적으로 단 음식들을 짠 음식들과 전혀 다른 것으로 여긴다. 우리는 아침 식사로 과일을 먹고, 정찬으로 고기를 먹는 경우는 대개 점심이나 저녁 식사 때다. 하지만 당시 사람들은 과일과 꿀, 설탕을 이용하여 음식을 달게 만들었을 경우 종종 단맛 나는 것들과 함께 짜거나 혹은 심지어는 쓴맛 나는 것들을 혼합했다. 오늘날도 우리는 여전히 가끔 그렇게 한다. 예컨대 생강 쿠키gingerbread는 생강, 정향, 육두구와 같은 향신료와 설탕을 섞는다. 짠맛 나는 햄에는 단맛 나는 글레이즈glaze가 들어 있다. 휴일이나 명절에 먹는 이러한 음식들은 종종 오래전부터 전해 내려오는 맛과 요리법을 유지하고 있다.

설탕에 관한 지식이 인도와 페르시아, 그리스, 준디 샤푸르의 위대한 학교로부터 막 확산되기 시작했을 때 최고 갑부들을 위해 일하는 요리사들은 그것을 향신료로 취급하며 다른 맛을 내는 것들과 혼용했다. 그들은 또 다른 수천 년 동안 계속 그렇게 했다. 하지만 설탕의 세계는 아주 급격하게 성장하기 시작했다. 그것은 전 세계가 당시까지 목도한 어떠한 것, 예컨대 이슬람과는 다른 폭풍 같은 확산이었다.

신의 폭풍

예언자 무함마드?570~632가 610년에 설교를 하기 시작했을 때 그는 단지 소수의 제자들만을 끌어들였다. 하지만 632년 무함마드가 사망할 때까지 그의 신앙은 아라비아 전체로 확산되었다. 642년에 이르기까지 무슬림 정복자들의 군대는 신앙에 충실한 무슬림 논쟁과 함께 이슬람을 시리아, 이라크, 이란 일부, 이집트 지역으로까지 전파했다. 그로부터 이슬람은 지중해를 따라 아프리카로, 이베리아반도로, 나아가 프랑스에까지 확산되었다. 이슬람의 유럽 진출은 732년 프랑스인들이 푸아티에Poitiers 전투에서 무슬림 군대를 패주시켰을 때 비로소 종결되었다. 그러나 그것이 전부는 아니었다. 무슬림 군주들은 아프가니스탄 내 알렉산더대왕의 옛 토지들을 획득한 후 그로부터 북인도까지 휩쓸 듯이 정복했다. 중앙아시아에서 이교를 믿던 종족들은 이슬람을 선택했다. 개종에 의해서든 정복에 의해서든 무함마드의 종교 이슬람은 이집트, 페르시아, 인도, 지중해의 기독교 세계 등 고대 세계 거의 전 영역을 아울렀다.

광대한 무슬림 세계는 지식의 성장에 기여했다. 그리스인들은 실용적 경험과 기술적 이해의 수준에서 주변의 다른 어떤 이들보다 천 년은 앞서 있었다. 무슬림들은 이 고대 그리스 서적들 일부를 번역하기 시작했다. 인도로부터 무슬림들은 숫자 0의 개념을 알게 되었고 그 덕분에 그들은 현재 우리가 여전히 "아라비아숫자"라고 부르는 것을 고안할 수 있었다. 또한 이슬람의 경전 쿠란이 아랍어로 씌었기 때문에 무슬림 세계의 학자들은 아랍어 읽는 법을 알게 되었고 지식을 공유할 수 있었다. 무슬림들은 준디 샤푸르를 휩쓸 듯 지나가면서 설탕의 비밀을 알게 되었다. 그들은 지중해 주변의 땅들을 정복함에 따라 그 달콤한 갈대를 재배하고 방아로 빻고 정제하는 법을 확산시켰다.

설탕의 달인이었던 무슬림들은 호사스러운 진열품들에 설탕을 사용하기 시작했다. 부유한 무슬림들에게 음식을 바치던 요리사들은 지금도 여전히 마지팬marzipan을 만들 때 하는 방식대로 설탕을 아몬드와 혼합해서 정교하면서도 먹을 수 있는 조각상을 만들었다. 한 무슬림 군주는 한 연회 테이블을 설탕으로 만든 커다란 궁전 7개로 가득 채웠다. 설탕은 이로써 무슬림의 사치품으로 이슬람 황제들과 왕들의 부와 관용의 상징이 되었다.

이슬람의 등장과 함께 이집트는 세계 최대 설탕 실험실이 되었다. 사탕수수에서 가장 쉽게 생산되는 설탕 종류는 색깔이 어둡다. 이 색깔은 당밀에서 나온 것인데, 당밀은 매콤하면서도 쓴맛마저 나게 한다. 우리가 당밀이라 부르는 것은 사탕수수를 처음 갈아 시럽을 만드는 과정에서 생성되는 자연스러운 부산물이다. 설탕 정제물들을 그 상태로 이용하기 위해 빛깔이 어두운 당밀을 따라 내고 나면 비교적 하얀 빛을 띠는 설탕이 남는다. 설탕을 살 수 있는 상류층 부자들은 가능하면 그것이 깨끗하고 달콤하고 하얀색을 띠기를 원했다. 이집트인들을 그 요구를 충족하는 법을 고안했다.

사탕수수를 베어 그 즙을 얻은 뒤 이집트인들은 그 액체를 끓여 따라 내고 나서 한동안 그 상태로 가만히 둔 후에 재차 그것을 걸러 냈다. 이제는 사탕수수 즙을 바닥에 구멍이 뚫려 있는 틀에 부어 모든 액체는 흘려보내고 가루만 남겼다. 그 가루는 우유와 섞은 후 다시 끓였다. 이 과정을 한 번 거친 후에 정제 공정을 다시 한 번 반복했다. 이러한 모든 노력과 정성 덕분에 이집트는 "가장 하얗고 깨끗한" 설탕으로 유명해졌다.

설탕의 세계는 지중해의 무슬림들에게 집중되어 있었지만 그것은 또한 동쪽으로는 중국, 북쪽으로는 유럽에까지 뻗어 나갔다. 마르코 폴로[1254~1324]는 1280년대에 쿠빌라이 칸[재위 1260~1294]의 제국을 방문했다. 그는 중국인들이 천여 년 동안 사탕수수를 재배하고 갈색 설탕을 제조하는 법을 알고 있었다고 말했다. 그는 "칸의 궁정에 이집트인들이 몇 명" 있었고 이들이 많은 사람들이 갈망하던 눈부시게 새하얀 설탕을 만드는 법을 설명해 주었다고 기록했다.

이슬람 세계에서 새로운 지식을 전파, 흡수하고 설탕의 맛을 향유하고 있는 동안 유럽은 정반대 방향, 곧 고립 상태에 있었다.

1501년 인쇄된 이 삽화는 두 종류 계산법을 보이고 있다. 오른편 인물은 고대 그리스 철학자 피타고라스(기원전 500년대 중엽의 인물)다. 그는 도구들을 이용하여 계산하고 있다. 왼편 인물은 약 천 년 뒤에 활동한 기독교도인 보이티우스Boethius라는 인물로 아라비아숫자를 이용하고 있다. 이 둘 사이에 산술의 여신 뮤즈가 서 있다. 사실 유럽인들이 아라비아숫자를 알기 시작했을 때는 1200년경, 이 그림이 그려졌던 무렵이었다. (미국 의회도서관)

요새 속 유럽

중세 유럽의 한 성에서 벌어진 연회를 떠올려 보라. 1100년대까지 기독교 유럽에는 요리 책이 없었기 때문에 여러분은 추측을 해야 할 것이다. 왜 그랬을까? 요리사들은 글을 읽거나 쓸 이유가 없었다. 부유한 영주들은 고기를 먹을 수 있었다. 가난한 사람들은 빵을 먹었다. 영주가 연회를 열면 빵과 고기를 대접했다. 이때 사람들은 접시를 사용하지 않고 "나무 쟁반trenchers"을 사용했고, 빵도 그저 오래된 빵 조각들이었다.

기원후 400년 이래 침입자들이 로마를 휩쓸며 지나갔고 로마제국이 무너지기 시작했을 때 유럽은 더욱 폭력적이고 무지하고 극심한 분열 상태에 있었다. 무슬림들이 고대 그리스의 언어를 연구하는 동안, 유럽인 대부분은 손가락을 이용한 셈법에 의지하고 있었고 극소수만이 글을 읽을 줄 알았다. 돈 될 만한 사업을 좇는 일부 상인들을 제외하면 어느 누구도 감히 아주 멀리까지 떠나는 모험을 하지 않았다. 바깥 세계는 그저 아주 멀리 떨어진 곳일 뿐이었다. 그래도 모든 사람들은 부자든 가난하든 향신료로 자신들의 음식에 맛, 특히 로마 시대로까지 거슬러 올라가야 할지도 모르는 한 가지 맛을 내기를 좋아했다.

비록 출간되는 책마다 향신료의 신화를 반복적으로 싣고 있을지라도 향신료의 인기는 부패한 육류나 생선의 맛을 돋우는 것과는 무관했다. 값비싼 향신료를 구매할 여력이 있는 영주는 신선한 고기나 생선을 쉽게 구할 수 있었고 그것들이 항시 준비가 되어 있었다. 한 요리사가 맛이 간 음식을 마주하게 되었을 때, 그가 가지고 있는 향신료는 지독한 냄새나 맛을 감출 수 있었다. 인기가 높아진 향신료를 사람들이 필요할 때마다 이용하게 되면서 후추, 생강, 설탕, 때때로 사프란 등의 향신료는 값비싼 필수품이 되었다. 진정한 부자들만이 수컷 향유고래의 창자 속에 생기는, 생소하면서도 향기로운 바다의 맛을 제공하는 용연향ambergris 같은 고가품을 살 수 있었다.

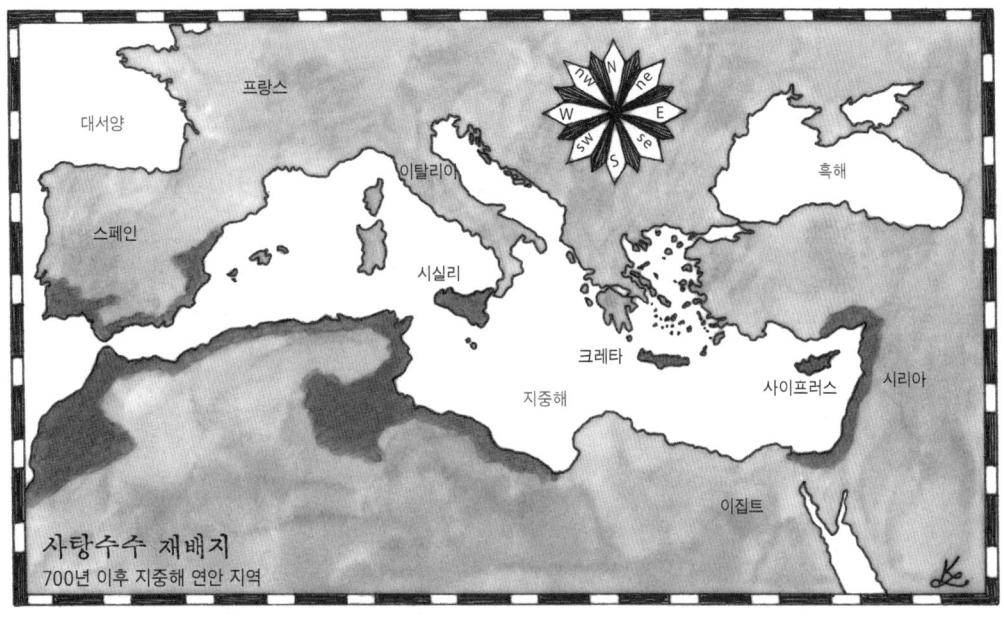

1100년대 가장 부유한 유럽인들은 일련의 시장과 전쟁 때문에 서서히 자신들의 음식에 더 많은 풍미를 가미하기 시작했다. 프랑스 샹파뉴Champagne 지역의 한 지혜로운 백작은 자신의 영지에 있는 시장에서 물건을 팔거나 사러 오는 상인들은 누구든지 그의 안전을 보장했다. 곧 소문이 퍼지자 시장들이 성황을 이루었다. 1150년경을 기점으로 샹파뉴에 있는 시장 여섯 곳은 유럽인들이 주변 지역에서 오는 상품들을 사고팔 수 있는 장소가 되었다. 이 시장들은 유럽인들을 저 너머의 엄청난 부와 다양한 맛과 연결시켜 주는 첫 단추였다. 요새 속 유럽은 천천히 문을 열고 있었다.

현 터키에 근거하고 있던 제국의 무슬림 군주들이었던 오스만인들은 설탕 조각의 대가들이었다. 1720년 투르크인 화가 레브니Levni가 술탄 아흐메드 3세재위 1703~1730의 아들의 할례 축하연을 그렸을 때 정원의 거대한 조각들은 완전히 설탕으로 만들어진 것이었다. 작품들은 대단히 무거워서 작품 하나를 옮기는 데 장정 18명이 필요했다. 이 그림은 그 가운데 하나다. (토프카프 궁전 박물관Topkapi Palace Museum 및 누르한 아타소이Nurhan Atasoy 박사 제공)

샹파뉴의 시장들

파리 근교 라니쉬르마른Lagny-sur-Marne 시장들은 1월에 열렸다. 추운 북유럽에서 온 상인들은 두 달 동안 이곳에 머물면서 따뜻한 이탈리아에서 온 사업가들과 거래했다. 차례로 프랑스 도시들은 시장을 열었고 그해 마지막 시장은 12월 트루아Troyes에서 끝났다. 그러고 나서 다시 이 교역 순환이 시작되었다.

각 시장은 아주 잘 정비되어 있었다. 시장은 지붕으로 덮인 통로들이 있는 점이 특징적이었으며, 그 결과 상인들은 폭우가 쏟아지더라도 물건을 사고팔 수 있었다. 지하 저장고들은 대단히 컸고 시장은 지하 도시를 방불케 했다. 시장 안에서 상인들은 중량과 척도, 그리고 물건들을 어떻게 판매해야 하는지에 관해 통용되는 엄격한 질서를 신뢰할 수 있었다. 첫 12일 동안에는 북유럽 출신 상인들이 가져온 직물만을 판매할 수 있었다. 그러고 나서 시장의 "감독관들"이 거리를 돌아다니며 "짐 싸시오, 짐을 싸시오."라고 소리치면 모든 직물들을 치워야 했다. 이제 멀리서는 스페인에서까지 온 가죽 상인들과 러시아에서 온 물건들을 취급하는 모피상들이 갖가지 가죽과 펠트 더미로 판매대를 가득 채웠다.

이탈리아에서 온 상인들은 유럽에서는 구할 수 없던, 무슬림에게서 구매한 물건들을 제공했다. 예컨대, 오렌지, 살구, 무화과 같은 과일들과 진한 빨간색을 만들어 내는 코치닐cochineal 같은 염료들, 목화와 비단 원단 같은 진귀한 직물들. 오늘날 우리가 알고 있는 많은 직물들은 무슬림들을 거쳐 유럽으로 전래되었으며 그 명칭들은 여전히 그 기원을 보여 준다. 예컨대 시리아 다마스쿠스에서 온 다마스크damask, 이라크 모술에서 생산된 모슬린muslin, 팔레스타인 가자에서 온 거즈gauzes 등이 그것이다.

이탈리아 상인들은 때때로 지중해를 건너 시리아로 항해했고 그곳에서 인도 남서 해안에서 자란 검은 후추를 구매할 수 있었다. 말린 작고 검은 후추 열매는 당시 작은 배들로 실어 날라 짭짤한 이윤을 낼 수 있었기 때문에 교역하기에 딱 좋은 상품

1420년에 현재 이탈리아 지역에서는 위 사진에서와 같이 멧돼지 머리는 한쪽은 파슬리로 만든 소스를 발라 녹색으로 칠하고 다른 한쪽은 금박으로 덮을 필요가 있었다고 기록했다. 중세 귀족들은 자신들이 먹는 음식을 색깔이 화려하고 먹음직스럽게 보이게 차려 내고 음식이 전혀 다른 음식으로 보이도록 하는 등 특별한 느낌을 주고 음식에서 맛있는 향내가 나기를 원했다. 향신료들은 비쌌고 신비한 동방에서 전래되었다. 그 덕분에 향신료는 어느 귀족 연회에서든 필수품이 되었다. 가장 진귀하고 가장 비싼 것은 아니었지만 설탕은 향신료로 여겨졌다. 위 사진은 중세 요리법을 훌륭히 재연한 근대 시기의 책에서 발췌한 것이다. (클로드 하위헌스Claude Huyghens 제공)

이었다. 인도산 후추는 아라비아까지 배로 운송된 후 대상들이 낙타를 이용해서 그곳에서부터 시리아까지 운반했다. 이탈리아인들은 시리아에서 양껏 후추를 사서 다음에 열리는 샹파뉴 시장으로 운송해 갈 수 있었다. 자신의 요리사가 음식에 비싼 검은 후추를 살짝 뿌려 내놓는 음식을 먹는 모든 백작들은 자신들이 아주 머나먼 땅의 맛을 맛보고 있다는 사실을 알았다. 실제 무슬림 세계에서 살았던 프랑스 작가 장 드 주앵빌Jean de Joinville[?1224~1317]은 1300년까지도 이들 향신료가 나일 강 어디쯤에 있을 에덴 정원의 바깥쪽 끝에서 왔다고 여전히 믿었다. 그곳에서 사람들은 "밤에 나일 강에 그물을 쳐 놓고 아침이 되면 그물 안에서 생강과 대황rhubarb, 알로에 토막, 계피 같은 것들을 건져 올린다."

샹파뉴 시장에서 각종 과일과 향신료 무더기 옆에는 이탈리아인들이 역시 무슬림들에게서 구입한 약재 더미, 곧 설탕이 쌓여 있었다. "멋지고 새하얀 설탕 …… 그것을 조금 먹으면 피가 깨끗해지고 몸과 마음, 특히 가슴, 허파, 목구멍이 건강해진다."라고 1500년대 한 의사는 언급했다. 하지만 그는 또한 그것은 "치아를 약화하게 하고 썩게 만든다."고 지적하기도 했다.

설탕은 여러 사람을 거친 후에야 각 시장에 당도했기에 비싸기도 하고 사기도 어려웠다. 예컨대 영국 왕 헨리 3세[재위 1216~1272]는 설탕을 좋아했다. 하지만 자신의 갈망을 충족시키기 위해 그가 할 수 있는 일은 거의 없었다. 그는 1226년 한 관료에게 현재의 약 450달러에 해당하는 값으로 이 귀하디귀한 물질을 3파운드 얻는 게 가능하겠는지 물어보는 편지를 썼다. 그는 얼마 후 한 시장에게 그 진귀한 알갱이를 4파운드가량 살 수 있기를 희망한다고 간청했다. 그리고 마침내 1243년 300파운드를 간신히 구매했다.

샹파뉴 시장은 1300년대까지 지속되었다. 이후 베니스가 무슬림 세계와 유럽 간 교역을 장악하게 되었다. 베니스인들은 헨리 3세 치세 이후 100년 만에 영국인들이 이 달콤한 물건을 매년 수천 파운드씩 구매할 수 있을 정도로 설탕 무역을 크게 확장시켰다. 아마도 유럽인들이 설탕을 더 많이 선호하게 된 것은 그들이 다른 방식, 곧 전쟁을 통해 설탕에 노출되었기 때문일 것이다.

전쟁으로부터 단맛이 나오다

복음서에 따르면 예수는 현재의 이스라엘 지역에서 살다가 사망했다. 기독교는 이 지역과 지중해 인근 도시에서 탄생했다. 하지만 이슬람의 성장과 확산으로 인해 그

성지들은 더 이상 기독교도들에 의해서 통치되지 못했다. 1095년 교황 우르반 2세는 서유럽 기독교도들을 규합하여 성지들을 수복할 위대한 사명을 수행하러 떠날 것을 호소했다. 우리는 이 전쟁을 십자군 전쟁으로 알고 있다. 그것은 피비린내 나고 섬뜩했던 충돌이었으며 오늘날까지도 중동 지역에 남아 있는 상처들이다. 하지만 십자군 전쟁은 전쟁 그 이상의 것이었다.

그것은 또한 정보 교환의 장이었다. 유럽인들이 무슬림과 접촉한 결과 그들은 꽁꽁 봉인된 자신만의 세계를 부수고 나오기 시작했다. 그들은 수학을 배웠으며 일부 학자들에 따르면 풍차를 만드는 법을 알게 되었다. 풍차는 유럽인들이 과거 전혀 쓸모없었던 습지에서 물을 빼내 경작지로 이용할 수 있게 해 준 아주 훌륭한 동력 장치였다. 더 많은 토지와 함께 유럽인들은 더 많은 작물을 재배할 수 있었다. 무슬림들이 가졌던 이 지식은 유럽이 스스로 일어설 수 있도록 도와주었다. 무슬림들에 대한 전쟁은 유럽인들에게 설탕을 가져다주었다.

성지 예루살렘으로 진군하면서 기독교도들은 "보통 사람들이 '꿀 나무'라 부르고 갈대랑 아주 흡사한 어떤 숙성된 식물들"을 목격했고 "배가 고픈 상태에 있던 우리는 그 꿀 같은 맛 때문에 하루 종일 그것들을 씹었다."고 기록했다.

여러 성지에서 기독교도의 십자군 전쟁도 실패했다. 유럽인들은 무슬림들에게서 빼앗은 지역들을 아주 오랫동안 보유할 수 없었기 때문이었다. 그러나 기독교도들은 시칠리아, 사이프러스, 로도스 섬Rhodes 등 지중해의 비옥한 섬들을 통제하게 되었다. 그곳에서 그들은 사탕수수 재배법, 설탕 정제법 등 무슬림들에게서 배운 기술을 적용하기 시작했다. 설탕 정제법은 귀중한 지식이었다. 사탕수수를 기르는 것은 어렵지 않았지만 설탕을 만드는 것은 특별한 도전에 직면하는 것이기 때문이다.

프랑스 화가 로비네 테스타르Róbinet Testard가 1490년경에 그린 이 그림은 에덴의 정원에 있는 강물을 따라 떠내려가는 알로에 토막을 건져 올리는 사람들을 보여 준다. 알로에는 동남아시아와 동아시아에서 자생하므로, 유럽인들은 그것에 대해 거의 몰랐다. 그들은 생강이나 계피처럼 알로에도 낙원에서 떠내려오는 가지들을 주워 담음으로써 비로소 구할 수 있다고 믿어 의심치 않았다. 오늘날 향과 매우 흡사하게 향신료에는 신비하고 영적인 능력이 있는 것으로 인식되었다.(상트페테르부르크 러시아 국립도서관, MS Fr. V. VI., Fol, 143)

사탕수수의 문제점

설탕을 다량으로 만들고자 할 경우 사탕수수에는 두 가지 문제가 있다. 하나는 시간의 문제, 또 다른 하나는 불의 문제다. 사탕수수 경작자들은 칼로 수숫대를 베어 내는 순간 그 안쪽의 달콤한 덩어리가 딱딱해지기 시작하더니 나무처럼 변해 버렸다고 주장했다. 분명 48시간, 가급적이면 24시간 안에 끓는 통에 수숫대를 집어넣지 않으면 그들의 수확물은 엉망이 되고 말 것이다. 그 속도가 절대적으로 불가피한 것이었든 아니었든 소유주들은 그것에 매달렸다. 그들은 또한 순수 경제학을 상정하고 있었을지도 모른다. 일단 사탕수수를 베면 그것은 마르기 시작한다. 사탕수수 더미는 무겁고 커서 운반하기 어려운 반면, 작은 결정 속의 설탕은 통에 담아 배로 실어 나를 수 있다. 사탕수수는 오래 놔두면 놔둘수록 돈을 잃고 일단 설탕으로 만들면 그것은 돈을 버는 길이다. 경작자들에게 시간은 진정 돈이었다.

많은 설탕을 만들 수 있는 유일한 길은 많은 노동자들을 수수밭에 풀어놓고, 그들이 수숫대를 자르고 수숫단을 끌고 와 밟아 시럽으로 만든 후 그 시럽이 가열실로 흘러가게 하는 단일 시스템을 설비하는 것이다. 이 시스템 안에서 노동자들은 시간과 싸우면서 부글부글 끓는 액체를 조리하고 불순물을 씻어 내 가장 달콤한 시럽을 가장 달콤한 설탕으로 환원시킨다. 이는 벌꿀의 시대였던 지난 수천 년 동안 남성들과 여성들이 했던 방식의 농경이 아니다. 그것은 공장에 더 가까운 것으로, 이 안에서 대규모 사람들이 모든 단계를 정확하게 주어진 시간에 함께 수행해야 하는 것이다. 그렇지 않으면 전체 시스템은 붕괴하고 만다.

무슬림들은 설탕을 취급하기 위해 새로운 형태의 농업을 고안해 냈고 이는 설탕 플랜테이션sugar plantation으로 불리게 되었다. 플랜테이션은 새로운 기술이라기보다는 차라리 작물을 심고 기르고 베어 내고 정제하는 것을 조직화하는 새로운 방식이었다. 통상적으로 농가에는 소와 돼지, 닭, 경작지, 과일로 가득 찬 과수원이 있기 마런이며, 종류가 다른 많은 식품을 소비하고 판매한다. 그와 반대로, 플랜테이션은 오로지 한 가지 목적만 있었다. 즉, 그것은 기르고 빻고 끓이고 말려서 원거리 시장에 판매하는 단 하나의 상품을 생산하는 것이었다. 사람은 설탕만 먹고 살 수 없으므로 플랜테이션에서 재배된 사탕수수는 그것을 수확한 사람들을 먹여 살릴 수도 없었다. 수천 킬로미터 떨어져 있을 수도 있는 구매자들의 열망 단 하나만을 충족시키기 위해 고안된 기계들과 같은 방식으로 운영된 농가는 인류 역사에서 그 이전에는 결코 없었다.

플랜테이션에는 50명에서 수백 명에 이르는 대규모 노동자 무리들이 있었다. 제조 공장이 재배 작물 바로 옆에 있었으므로 재배와 제조가 같은 장소에서 이루어졌다. 그리고 모든 노동은 극도로 엄격하며 옥죄는 규율에 의해서 관리되었다. 무슬림들은 이 새로운 형태의 농경을 위한 규칙들을 한데 모으기 시작했다. 무슬림들과 기독교도들은 노예를 이용하여 플랜테이션들을 운영하는 실험을 수행했다.

지중해의 설탕 플랜테이션들에서 일하던 많은 노예들은 처음에는 러시아인들이나 전쟁에서 사로잡힌 이들이었다. 그러나 심지어 이 모든 정교한 조직 안에서도 설탕과 관련된 두 번째 문제를 해결하지 못했다. 그 통들이 계속 끓도록 하기 위해 엄청난 땔감이 필요했다. (나중에야 비로소 설탕 경작자들은 으스러진 사탕수숫대를 연료로 이용할 수 있다는 사실을 알아냈다.) 사탕수수를 재배할 수 있는 비옥한 토지가 있는 세계의 많은 지역은, 물과 가까워 설탕을 손쉽게 멀리 해안까지 운송해 갈 수 있는 곳도 아니고, 언제든지 베어 낼 수 있는 나무로 가득 차 있는 곳도 아니다. 설탕 플랜테이션은 커다란 작물을 베어 내고 정제하는 관리 문제를 해결했지만, 설탕 시럽을 끓이기 위해 베어 낼 수 있는 산림을 경작자에게 제공해 주지는 않았다.

1400년대 스페인과 포르투갈은 아프리카 해안을 따라 탐험하며 아시아로 가는 바닷길을 찾고자 경쟁하고 있었다. 그렇게 해서 그들은 베네치아 및 무슬림 중개인들에게 높은 값을 치르지 않고 그들이 원하는 소중한 아시아의 향신료를 가질 수 있었

1623년 제작된 이 그림은 설탕 생산과 관련된 제반 노동을 수행하고 있는 노예들을 보여 준다. 뜨거운 태양 아래서 그들은 사탕수수를 수확한다(우측 상단). 베어 낸 수숫대는 묶음 단위로 모아져(우측 하단) 제조 공장으로 운반된다(우측). 사탕수수는 회전하는 방아 아래서 분쇄된 후(좌측 중앙), 여러 통에 부어져 끓여진다(좌측 하단). 그리고 나서 설탕 결정을 단지로 따라 내서 식힌다(좌측 중앙). 실재했던 어떠한 제조 공장도 정확히 이와 같지는 않았을 것이다. 이 그림은 설탕 제조를 위한 전 공정을 한눈에 보여 주고자 기획된 것이다. (미국 의회도서관)

다. 그 바닷길을 찾던 스페인과 포르투갈 선원들은 카나리아제도the Canary Islands와 아조레스제도the Azores를 정복했다. 이내 그들은 무슬림식 설탕 플랜테이션들을 그 섬들에 건설하기 시작했고 노예로 충원된 사람들 일부는 가까운 아프리카에서 구매했다. 한 선원은 "하얀 금", 곧 설탕을 거래했기 때문에 이들 제도諸島를 특히 잘 이해하게 되었다. 그래서 그는 바다를 건너 그가 아시아라고 생각한 곳을 향해 두 번째 항해를 떠나면서 카나리아제도에 속한 한 섬인 고메라Gomera에서 구한 사탕수수 식물을 자신의 배에 실었다.

그의 이름은 크리스토퍼 콜럼버스[1451~1506]였다.

제2부
지옥

지옥에 오신 걸 환영합니다.

카리브 해에 있는 한 섬에 새벽이 찾아왔다. 아프리카 흑인 수백 명이 잡초를 뽑고 줄기가 긴 마른풀을 태우기 위해 들판으로 내보내지고 있다. 허리를 숙인 채 작고 거친 풀 줄기들과 씨름하느라 손에 못이 박히고 연기가 그들의 눈을 불태울 지경이 되도록 그들은 일한다. 감독관은 말 등에 올라타 곁에서 어슬렁거리고 있고 생가죽 채찍이 그의 안장에 묶여 있다.

콜럼버스가 히스파니올라Hispaniola(현재의 아이티와 도미니카공화국)라고 명명한 섬으로 가져간 식물들은 아주 잘 자랐다. 이내 섬 전체가 설탕 플랜테이션이 되었고 이른바 "하얀 금"을 향한 질주가 시작되었다.

점점 더 많은 유럽인들이 노예노동과 함께 신세계에서 자라는 설탕을 부를 증폭시키기 위한 수단으로 여기기 시작했다. 설탕 재배는 처음에 히스파니올라에서 선풍을 일으켰다. 근처 멕시코에서 아즈텍인들의 금이 발견되었다는 소식이 퍼지자 농업은 스페인의 관심을 끌지 못했다. 그러나 그로 인해 다른 유럽인들이 설탕이 주는 막대한 부를 찾아 선두에 나설 기회를 얻었다.

유럽인들은 다음으로 (구교도 포르투갈인과 신교도 네덜란드인들 사이 지배권을 둘러싼 전투와 함께) 브라질을 설탕 중심지로 만들었다. 영국인들이 뒤따라 바베이도스Barbados를 설탕 섬으로 탈바꿈시켰다. 그 후 프랑스인들은 다시 한 번 히스파니올라에서 옥토를 발견했다. 더 많은 설탕이 재배될수록 그것을 빻기 위한 더 많은 제조공장이 세워졌고 설탕을 실어 나를 배를 대기 위한 더 많은 부두가 건립되었고 플랜테이션에서 일을 시키기 위해 노예화된 더 많은 사람들이 아프리카에서 공급되었다.

1500년에 최초의 유럽 선박이 브라질에 당도했다. 그것은 우연이었다. 페드로 카브랄Pedro Cabral ?1467~1520은 고국 포르투갈에 공급할 향신료를 구매하기 위해 아프리카를 돌아 아시아로 항해하려고 분투하고 있었는데, 해류는 대신에 그를 브라질로 이끌었다. 똑같은 강력한 해류로 인해 대서양을 넘어 브라질로 노예를 쉽게 데려올 수 있었고 이후 400여 년 동안 300만여 명에 달하는 아프리카인들이 브라질로 끌려왔다. 속설에 따르면 "설탕이 없었다면 브라질이 없었을 것이고, 노예가 없었다면 설탕이 없었을 것이고, 앙골라가 없었다면 노예가 없었을 것이다."

100여 년 만인 1701년에서 1810년 사이에 아프리카인 노예 25만 2500명이 겨우 166평방마일 면적에 불과한 바베이도스로 끌려왔고, 그 결과 오늘날 세계에서 가장 작은 나라들 가운데 하나가 형성되었다. 그 뒤 영국인들이 자메이카를 시작으로 더 많은 설탕 섬을 정복하기 위해 나섰다. 그들은 1665년 스페인으로부터 자메이카를 빼앗았다. 아프리카인이 바베이도스로 끌려온 동일한 시기에 아프리카인 66만 2400명이 자메이카로 끌려왔다. 설탕으로 인해 90만 명이 넘는 사람들이 대서양을 건너

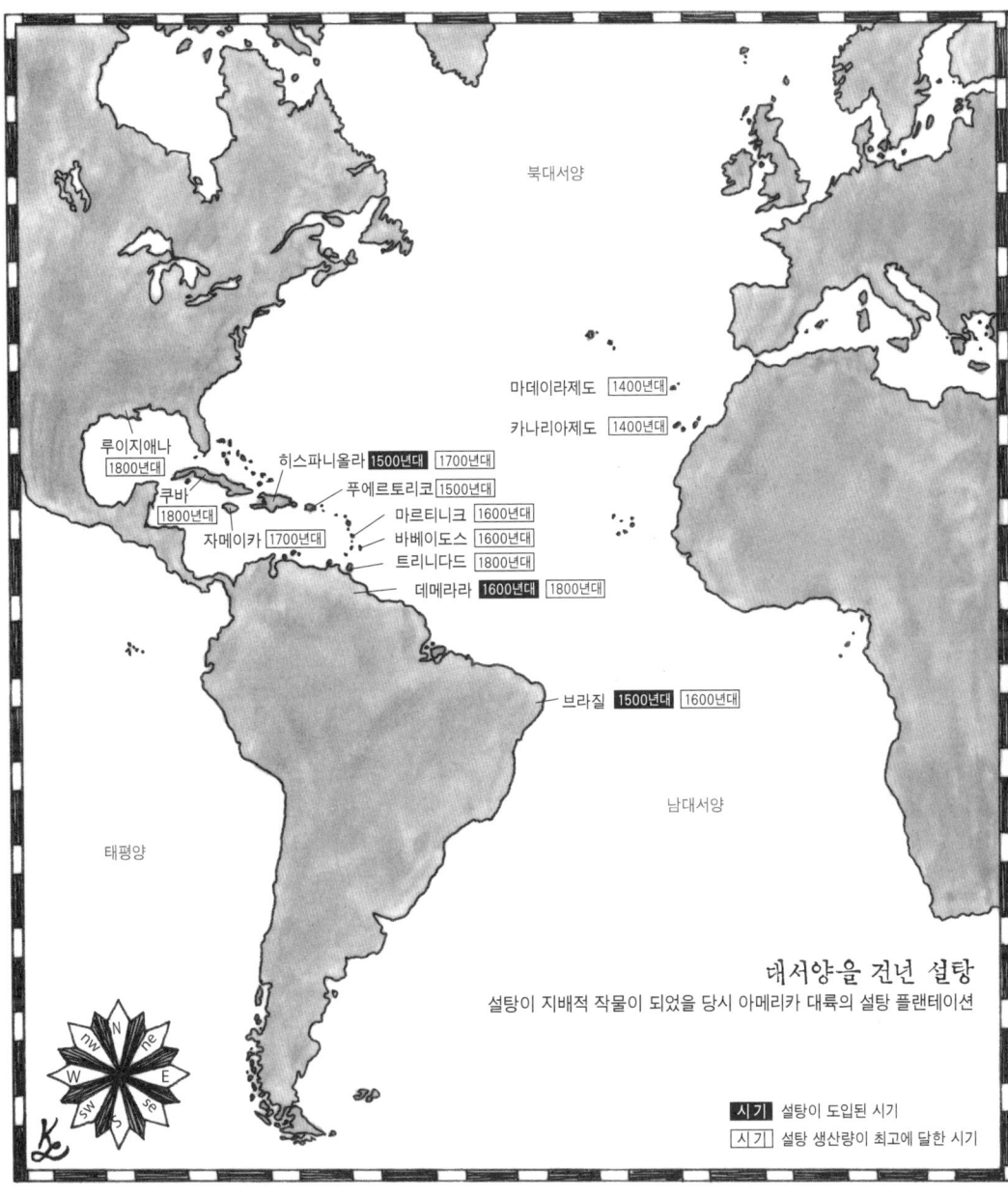

바베이도스와 자메이카로 끌려와 노예 상태로 전락했다. 이는 설탕 섬들 가운데 단 두 곳을 예시한 것에 불과하다. 영국인들은 열정적으로 안티과Antigua, 네비스Nevis, 세인트 키츠Saint Kitts, 몬트세랫Montserrat을 노예와 설탕 공장으로 채웠다. 그들은 똑같은 이유로 네덜란드령 기아나Dutch Guiana의 상당 부분을 접수해 버렸다.

설탕으로 얻는 부를 목도하면서 프랑스인들도 그 쟁탈전에 뛰어들어 그들이 지배

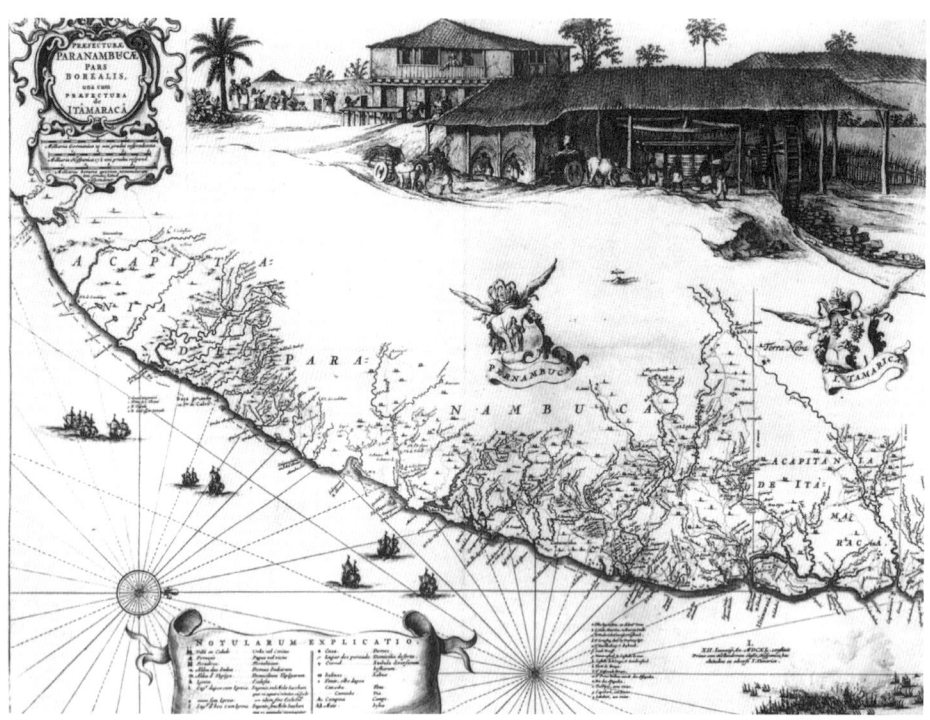

브라질에서 설탕 생산을 위한 최고급 토지는 페르남부코Pernambuco라 불리는 북동 해안 지역에 있었다. 이 지도는 1600년대부터 드나들던 선박들과 함께 노예화된 아프리카인들에 의해 운영된 한 설탕 공장을 보여 준다. 네덜란드인이 페르남부코를 잠깐 지배하던 1640년까지 이 지역 플랜테이션은 암스테르담에만 약 2만 4천 파운드에 달하는 설탕을 보내고 있었다. 포르투갈인들이 이 지역의 지배권을 다시 획득했을 때 카리브 해로 달아난 네덜란드인들은 설탕 재배법에 관한 지식을 들고 갔다. 일부 네덜란드계 유대인들도 또한 뉴욕으로 도망하여 그 도시에 최초의 유대인 공동체를 설립했다. 그리고 네덜란드인과 포르투갈인이 페르남부코 지배권을 둘러싸고 전투를 벌이면서 많은 아프리카인들이 도망하여 팔마레Palmares라 불린 자신들의 왕국을 창설했다. (미국 의회도서관)

하던 히스파니올라 섬 절반(현재의 아이티)을 비롯하여 마르티니크Martinique, 과들루프Guadeloupe, 프랑스령 기아나(네덜란드령 기아나 근처 남아메리카 연안에 위치)를 설탕식민지로 탈바꿈시켰다. 그리고 그곳들은 수십만여 명에 달하는 아프리카계 노예들로 채워졌다. 1753년에 이르기까지 영국 선박들은 아프리카로부터 매년 평균 노예 3만 4250명을 실어 날랐고 1768년까지 그 숫자는 5만 3100명에 도달했다.

각 플랜테이션 근처에 위치한 부두들에 쌓인 설탕은 전 세계에서 새로운 것이었다. 더없이 달콤한 맛과 완벽한 즐거움을 주는 동시에 보통 사람들도 사 먹을 수 있을 만큼 대단히 저렴했다. 과학자들은 전 세계인들이 짠맛과 신맛, 다양하게 혼합된 맛을 좋아할 줄 알아야 한다는 사실을 주장해 왔다. 하지만 태어난 순간부터 우리는 단맛을 갈망한다. 사탕수수 설탕은 인간의 역사에서 단맛을 향한 열망을 완벽하게 충족시켜 준 최초의 생산품이었다. 그리고 노예화된 아프리카인들의 고통스러운 삶으로 인해 충분히 많은 설탕이 생산되어 순수한 단맛이 전 세계로 확산되기 시작했다.

1600년대와 1800년대 사이에 설탕은 유럽, 아프리카, 아시아, 남북 아메리카를 연결하는 통합 경제를 추동했다. 진정한 설탕의 시대가 시작되었다. 그것은 어떠한 군주나 제국 혹은 전쟁이 그랬던 것보다 세계를 재편하는 데 더 많은 일을 해냈다.

죽음과 단맛의 순환

설탕 플랜테이션으로 끌려와 일하게 된 아프리카인들 수백만 명은 읽고 쓰는 법을 배우지 못했다. 그들은 대화가 아니라 일을 해야 했다. 올라우다 에퀴아노Olaudah Equiano는 대략 1745년에서 1797년까지 살았던 인물로, 나중에 자신은 설탕 플랜테이션에서 일을 하러 바베이도스로 끌려온 아프리카인이었다고 밝혔다. 그는 글쓰기를 익히고 자서전에 자신의 이야기를 담았다. 에퀴아노는 바베이도스에 도착해서 설탕 농장주에게 어떻게 팔렸는지 다음과 같이 묘사했다.

> 우리는 곧장 그 장사꾼의 집 마당으로 끌려간 후 울타리 속에 갇힌 많은 양들처럼 그곳에 함께 감금되어 있었다. …… 북소리를 신호로 노예들이 갇혀 있는 마당으로 구매자들이 순식간에 몰려와 자신들이 가장 마음에 들어 하는 무리를 선택했다.

(똑똑하고 쓸모 있을 것 같으면서도) 마르고 병약해 보였기 때문에 에퀴아노는 가까스로 농장으로 팔려 가지 않았다. 그래서 그의 이야기는 우리를 아프리카에서 설탕 섬으로 인도하기는 하지만, 설탕 농장으로 안내해 주지 못한다. 그것은 우리가 아프리카인들의 목소리를 직접 들을 수 없다는 것을 의미한다. 그들의 이야기를 풀어 가기 위해서는 그들이 무엇을 했는지, 곧 설탕이 그들의 삶을 어떻게 만들었는지에 대해서부터 시작해야 한다. 여러분이 한 명의 아프리카인으로서 카리브 해 지역이든 남아메리카든 어디로 보내졌든 여러분은 이제 설탕 기계의 일부가 되었다. 여러분의 배가 닿는 곳은 어디든 상관없었다. 여러분은 브라질의 비옥한 토지나 자메이카의 언덕을 개간할 수 있을 것이다. 설탕을 만드는 잔혹한 순환은 흡사 이와 같았다.

지형이 바위투성이거나 가파르지 않다면 여러분은 땅을 가는 쟁기를 끄는 한 무리 소를 모는 노예군일 것이다. 여러분은 깊이 5인치 넓이 5피트로 땅을 개간하러 아주 척박한 땅으로 내보내졌다. 그리고 나서 여러분은 쟁기질을 한 네모난 땅에 사탕수수 싹을 심을 구멍을 팠다. 여러분은 쉬지 않고 빨리빨리 일해야 했다. 감독관들은 일을 제대로 하는지 면밀히 감시하고 있다. 예컨대, 한 프랑스령 섬에서 감독관들은 시간당 최소 구멍 28개를 파지 않는 노예들에게 채찍을 휘갈겼다. 이 고통스러운 작업에는 오로지 단 한 가지 목적만이 있었다. 그것은 바로 이 작물에 손을 댄 모든 노동자들의 삶을 앗아 가는 한 작물을 심는 것이었다. 에퀴아노가 설명한 것처럼 설탕 노예들은 해가 떨어진 뒤에도 거의 휴식을 취할 수 없었다.

구면체 교역

여러분이 1750년대 뉴욕의 비크만 거리Beekman Street를 걸었다면 제라드 비크만Gerard Beekman이 소유한 잡화점을 찾을 것이다. 그의 가족들은 거리 이름에 가문의 이름을 붙였다. 그의 가게 진열대에 있는 상품들은 설탕이 세계와 연결된 방식들을 많이 보여 주었다. 비크만과 그와 같은 부류의 상인들은 밀가루, 빵, 옥수수, 소금에 절인 소고기, 목재를 카리브 해로 실어 날랐다. 그들은 설탕, 럼주, 당밀, 라임limes, 코코아, 생강을 실어 왔다. 아주 단순한 일이었다. 하지만 대서양 연안을 오르락내리락하는 이 교역은 훨씬 더 거대한 세계 체제의 일부였다. 여러 교과서에서는 삼각무역에 관해 설명한다. 선박들은 섬유와 의류, 단순 가공품들을 유럽에서 아프리카로 운송한 후 아프리카에서 화물을 판매하고 사람들을 샀다. 노예화된 사람들은 대서양을 건너 여러 섬들로 선박에 태워 보내졌고 그곳에서 설탕 노동을 위해 팔려 나갔다. 그리고 나서 그 선박들에 의해 북아메리카로 실려 온 설탕은 판매되거나 럼주로 바뀌었다. 선장들은 그것들을 유럽으로 운송해 돌아왔다. 그런데 이 무역은 이미 보다 직사각형 모양에 가까웠기 때문에 삼각무역이란 표현은 완전히 잘못된 것이다.

예컨대 비크만의 거래는 유럽을 완전히 떼어 낼 수 없었다. 영국 식민주의자들의 배들은 식민 섬들에서 필요로 한 식료품과 목재를 선적하여 직접 뉴욕과 뉴잉글랜드에서 출항했다. 그것들을 설탕으로 교역한 후 상인들은 뉴욕 등지의 해안으로 설탕을 싣고 돌아왔다. 그 뒤 식민주의자들은 설탕을 영국제 섬유, 의류, 단순 가공품으로 교환했다. 또는 그들은 럼주를 곧장 아프리카로 싣고 가 설탕 섬들에 판매할 노예를 샀다. 영국, 북아메리카, 프랑스, 네덜란드의 선박들은 카리브 해 플랜테이션에 물건을 공급하고 설탕을 구매했다. 하지만 대서양을 가득 채운 이들 선박들조차도 한층 더 커다란 세계무역 체제의 한 부분에 지나지 않았다.

다른 아프리카인들을 노예로 판매한 아프리카인들은 인도산 섬유로 대금을 지불해 달라고 요구했다. 실제로 역사가들은 통상 유럽에서 아프리카로 넘어간 화물의 약 35퍼센트는 본래 인도에서 운반되어 온 것이라는 사실을 밝혀냈다. 유럽인들은 인도산 직물을 사는 데 무엇을 이용할 수 있었을까? 스페인인들은 볼리비아 광산에서 채굴한 은을 필리핀 마닐라로 실어 날라 그곳에서 아시아 상품들을 구매했다. 영국 혹은 프랑스 해적들이 스페인인들에게서 약탈할 수 있는 은은 아시아산 직물을 구매하는 데 이상적인 자금이었다. 그래서 영국인들이 차 안에 넣을 설탕 때문에 팔리게 된 노예를 구매할 직물을 얻기 위해 스페인인들은 필리핀 섬으로 은을 운송했고 프랑스인, 영국인, 네덜란드인들은 동쪽으로 인도까지 항해했다. 우리가 삼각형이라고 부르는 것은 사실은 지구만큼이나 둥그런 것이었다.

노예들이 사는 움막들에는 지붕도 좀 있고 그들이 조금이라도 쉴 수 있도록 마른 자리가 있어야 했다. 하지만 그것들은 대개 지붕 없는 헛간이었고 습한 곳에 세워져 있었다. 짐승과 다름없는 가엾은 이 인간들은 들판에서 고된 일을 마치고 집으로 돌아와서는 이 불편한 상태 속에서 눅눅한 공기에 노출되어 많은 질병에 걸린다.

그다음으로 씨 뿌리는 일을 하는 일꾼들 차례가 되었다. 그들의 일은 잘라 낸 사탕수숫대를 묘목으로 삼아 수수를 심기 위한 구멍이나 쟁기로 만든 이랑에 밀어 넣고 흙으로 덮는 것이었다. 수수가 뿌리를 내리고 싹을 틔우기 시작하면 김매기 부대가 그들 뒤를 이었다. 김매기 일꾼으로서 여러분의 일은 사탕수수 줄기를 압박하여 질식시키거나 해충을 유인할 수 있는 잡초를 꼼꼼히 뽑아내 잡초가 크게 자라지 않도록 하는 것이다. 사탕수수 주변을 정리하고 잡초를 뽑는 일은 사탕수수가 자라는 동안 세 차례 정도 행해졌고 그것은 어떤 면에서 가장 고된 노동이었다.

김매기 일꾼은 곡괭이를 들고 허리를 구부린 채 하루 10시간에서 14시간을 보냈다. 그(녀)는 자신의 발등 위로 잽싸게 달아나는 들쥐나 일꾼들의 손목이나 팔에 생채기를 내는 칼날 같은 수수 잎을 괘념치 않으면서 곡괭이로 마디가 많은 사탕수숫대 밑동에서 자라는 잡순들을 파냈다. 들쥐들은 어디에나 있었다. 자메이카의 한 플랜테이션의 기록물들에 따르면 단 6개월 만에 들쥐 3천 마리를 잡았다고 한다. 김매기는 손힘이 많이 필요치 않았으므로 종종 여성들이나 어린 소년들, 깡마른 남성들이 했다. 이들 섬에서 김매기 일꾼들은 "돼지고기 일당hogmeat gang"으로 불렸다. 그런데 이따금 김매기는 보다 철저하고 위험천만한 방법, 곧 풀 등을 태우는 방식으로 수행되었다. 우거진 잡풀과 잡목들은 불태워졌다. 그러나 불은 통제하기 쉽지 않아 행여 거센 바람-학대받은 노예들의 분노-이 불길에 채찍질이라도 하면 으르렁거리듯 일렁이는 화염이 당장이라도 수수밭을 집어삼킬 가능성이 늘 잠재해 있었다.

운이 좋으면 여러분은 한 사람의 전문인, 곧 사탕수수의 성장을 관찰하고 사탕수수가 익어 수확할 때가 되었는지 수시로 확인하는 사람으로 훈련받을 수 있다. 그렇다고 특별한 지식이 한 노예를 그보다 못한 노예보다 나은 상태로 만들어 주지는 않았다. 즉, 여러분은 결코 자유롭지도 못했고 급료를 받는 것도 아니다. 그러나 아마도 노예화된 일부 사람들은 플랜테이션 농장주가 필요로 하는 지식이 자신에게 있다는 사실을 개인적 즐거움으로 여긴 것 같다. 또한 먹을 것이 조금 더 있고 쉴 시간이 몇 분 더 있는 최고의 노동자들은 장수하면서 자녀들을 낳고 그들이 자라는 것을 지켜볼 수 있는 소수에 포함되는 행운을 누렸다.

사탕수수가 무르익는 동안 대규모 노예 한 무리는 커다란 통에 불을 지필 나무를 베러 갔다. 그 사이 또 다른 무리는 베어 낸 목재들을 가열실로 운반하면서 하루하루를 보냈다. 이러한 고된 노동의 결과로 제일 중요한 수확물을 얻을 수 있었다.

브라질에서는 사탕수수 수확을 이제 막 시작할 거라는 전갈이 가면 신부 한 명이 설탕 방아 기계―그리고 일꾼들―에 축복을 내려 주러 찾아왔다. 축복의 기도는 달리기 경주의 출발 신호와 같았다. 이제 모든 일에 더욱 박차를 가해야 했다. 노예들의 손에는 길고 날카로운 칼이 들려 있었다. 이 칼들은 수확이 다 끝날 때까지 쓰이는 연장이었는데 어떨 때는 노예들의 무기가 되기도 했다. 수확 철이 되면 사탕수수를 베는 일꾼들은 죽어라 일했고, 언뜻 보기에는 쉴 새 없이 교대되는 것처럼 보였다. 이는 굶주린 방아 기계들이 오후 4시부터 다음 날 아침 10시까지 쉴 새 없이 사탕수수를 으깨었기 때문이었다.

방아들은 한낮 무더위가 기승을 부릴 때만 멈출 뿐이었다. 노예들은 그 18시간 동안 돌아가는 기계에 충분한 사탕수수가 공급되고 있는지 확인해야 했다. 그들은 조별로 남자 한 명이 사탕수수를 베어 내면 여자 한 명이 열두 개씩 한 단을 묶는 방식으로 일했다. 1689년 한 보고서에 따르면 짝을 이룬 일꾼 두 명이서 하루에 수숫대 4200개를 베고 묶어야 했다. 정확히 그들이 얼마만큼 사탕수숫대를 베는지는 방아 기계가 얼마나 많이 그것을 처리할 수 있는지에 달려 있었다. 수숫대는 자른 지하루가 지나면 말라 버리기 때문에 수숫대 자르기는 그것을 빻기 하루 전에는 해서는 안 된다. 사탕수수 자르기는 힘겨운 노동이었지만 그다음에 하는 일을 생각하면 아무것도 아니었다. 갓 잘라 낸 사탕수수 더미를 완전히 으깨질 때까지 끊임없이 회전하는 방아 기계 안으로 밀어 넣어야 했다. 농장주들은 일하는 동안에는 무슨 일이 있어도 수숫대 빻기를 중단해서는 안 된다고 역설했다.

방아들은 대부분 거의 쉬지도 못하고 위험한 노동에 노출된 여성들에 의해 조작되었다. 그것은 아주 나쁜 조합이었다. 롤러 근처에는 대개 도끼 한 자루가 세워져 있었고 만약 여성 노예가 수숫대를 밀어 넣는 동안 잠깐 눈이라도 감았다 하면 무자비한 분쇄기에서 빼내기 전에 그녀의 팔은 잘려 나갈 수 있었다. 사탕수수 농장을 찾은 방문객들은 한 팔만을 가진 사람들을 얼마나 많이 목격했는지 자주 언급했다.

매일, 매주, 매달 거푸 베어진 사탕수수는 방아 속으로 들어가 롤러의 배를 채웠다. 빻을 사탕수수가 있는 동안에 방아들은 계속 돌았다. 수확 철은 각 지역마다 수수의 생장 조건에 따라 4개월에서 10개월로 제각각이었다. 1630년 브라질에 온 한 방문자는 그 장면을 다음과 같이 묘사했다.

"칠흑 같은 밤빛 얼굴을 한 사람들이 단 한순간의 평화와 휴식도 갖지 못한 채 바삐 일하는 한편, 동시에 신음하고 있었다. 혼란스럽고 시끄러운 온갖 기계를 보고 있노라면 누구나 이것이 진정 지옥의 모습이라고 말할 것이다."

한 줄기 뿌연 잿빛 시럽이 방아 기계들에서 흘러나와 하얀 거품을 만들었다. 그 액체는 나무로 만든 배수구를 따라 곧장 가열실로 흘러 들어갔다. 이 집은 거대한 화덕들과 큰 솥들이 있는 건물로 이곳에서 시럽은 가열되고 걸러지면서 결정으로 변했다. 대개 약 직경 4피트 깊이 3피트에 달하는 어마어마하게 큰 구리 솥은 그 뿌연 액체를 기다렸다. 이 큰 솥은 연달아 놓인 조금 작은 솥들 가운데 첫 번째 것이었다. 각 솥 아래에는 브라질 사람들이 "거대한 주둥이들"이라고 부르는 커다란 화덕이 입을 벌리고 있었다. 이 거대한 화덕들은 일꾼들이 이 순간을 위해 베어 가지고 온 나무들로 줄기차게 채워져야 했다. 가열실은 방아만큼이나 위험했다. 만약 누군가 깜박 졸기라도 하면 그(녀)는 펄펄 끓는 큰 통 속으로 미끄러져 들어갈 수 있었다.

"주둥이들"에서 타오르는 매머드급 불덩이와 솥들 위로 넘실넘실 뿜어져 나오는 구름 같은 증기, 그리고 그것들이 만들어 내는 열기는 극히 강렬해서 온도가 높아져 불구덩이에 휩싸이는 일이 없도록 가열실에는 물을 뿌려 줘야 했다. 끓고 있는 액체에서는 악취에 가까운 냄새가 났다. 즙이 끓을 때는 불결한 찌끼가 위로 떠올랐다. 노예 한 명은 손잡이가 기다란 국자로 그 찌끼를 계속 걷어 내야 했다. 그렇게 구리 솥 안에서 끓고, 끓고 또 끓는 동안에도 그 액체는 몇 번이고 되풀이하며 걸러지고 정제되어야 했다. 부글거리는 액체를 관찰하는 이는 아주 숙련된 노예인 "보일러 boiler(사탕수수 즙을 끓이는 사람-옮긴이 주)"였다. 그는 매 정제 단계를 판단하고 즙을 한 솥에서 다음 솥으로 옮겨 담을 때, 이른바 즙을 다음 단계로 옮겨야 할 때를 결정했다. 그의 작업은 단 한 번의 정확한 순간을 주도했다. 곧 이 순간에 시럽이 아주 걸쭉하면서도 깨끗한 상태가 되었고 그 순간이 "설탕 결정을 만들" 때였다. 이때가 바로 시럽을 불에서 꺼내 설탕 덩어리인 결정을 형성하도록 식히는 때였다.

설탕 결정 만들기 달인은 흡사 굴뚝공이나 포도주 주조인과 같았으며 동시에 일종의 마법사였다. 그는 바로 지금이 설탕 결정을 만들 때라고 공기 중에서조차도 맛을 볼 수 있을 정도로 끓는 액체의 색깔과 냄새와 느낌을 아주 잘 알아야 했다.

마침내 설탕이 한 무더기의 결정이 되었다. 하지만 이것이 끝이 아니었다. 결정들은 다시 정제될 필요가 있었다. 이 작업이 얼마나 정성스럽게 이루어지느냐에 따라 그 최종 산물이 갈색 혹은 연한 갈색이 많이 들어간 상태가 되거나 새하얗게 될 수 있었다. 브라질에서 설탕 결정은 한 달 동안 건조되었다. 그 사이 그것은 설탕 결정들을 주의 깊게 다루는 법을 잘 아는 노예화된 여성들인 "건조장의 어머니들 mothers of the platform"에 의해 관리되었다. 그녀들은 다소 품질이 떨어지는 갈색 알갱이들에서 가장 순도가 높고 하얀 설탕을 분리했다.

설탕 노동 인물화 갤러리

설탕 플랜테이션은 농장이었지만, 인간을 지칠 줄 모르는 기계로 만들어 버리는 공장처럼 운영되었다. 설탕 노동자들의 삶은 사탕수수에 의해서 그리고 가혹한 노동 강도에 의해서 통제되었다. 1800년대에 그려진 설탕 플랜테이션의 그림이나 그 100년 뒤에 찍힌 사진들을 볼 때마다 여러분은 한 무리의 빈민들과 말을 타서 그들보다 높은 곳에 앉은 감독관, 설탕 제조를 위한 똑같은 생산 단계를 마주하게 될 것이다. 다음 그림들은 하나의 슬라이드 쇼와 같다.

윌리엄 클락William Clark 은 1830년대 안티과 섬을 방문하고 설탕 제조 과정을 묘사했다.

① 먼저 아프리카인들은 땅을 골랐다.

② 잘라 낸 사탕수수 싹은 정확히 깊이 5인치 넓이 5피트의 공간이 필요했다. (성 크루아 명소 협회 및 문서 보관소St. Croix Landmarks Society and Archives 제공)

③ 클락과 거의 동일한 시기에 마르티니크 섬을 방문한 프랑스인 화가는 줄지어 사탕수수 밭을 일구는 아프리카인 남녀를 그렸다. (알시드 데살린 디오르비니Alcide Dessalines DiOrbigny의 《아메리카 대륙에서 그림 같은 여행Voyage Pittoresque dans les dues Ameriques》 22쪽 그림 4, 버지니아 대학교 특별 소장본)

④ 사탕수수가 자라 무르익으면 모든 사람들이 수확을 해야 했다. 심지어 어린이들도 엄마를 도와 수숫단을 엮었다. (성 크루아 명소 협회 및 문서 보관소 제공)

⑤ 베어 낸 사탕수숫대는 방아 기계 속으로 넣어야 했다. (성 크루아 명소 협회 및 문서 보관소 제공)

⑥ 으깨진 사탕수수는 가열실로 흘러 들어갔다. 그곳은 뜨겁고 악취가 풍겼으며 위험했다. (성 크루아 명소 협회 및 문서 보관소 제공)

⑦ 1849년 6월 9일 판 《그림으로 본 런던 소식Illustrated London News》에서 채록한 이 그림은 사탕수수 빻는 작업을 좀 더 근거리에서 보여 준다. 여러분의 손이 미끄러지기라도 하면 바퀴들은 여러분을 끌어당길 것이다. 방아 기계에 사탕수수를 밀어 넣는 작업을 하는 여성 옆에 세워져 있는 칼은 그녀 스스로 손을 자르고 목숨을 보전할 유일한 기회를 제공해 줄 것이다. (국회도서관)

⑧ 사탕수수가 냉각되어 결정이 된 후 그것은 큰 통에 담겨 이것을 구매하고자 갈망하는 소비자들에게 운반되었다. (성 크루아 명소 협회 및 문서 보관소 제공)

④

THE LAND OF THE SUGAR CANE.

In the West Indies, where the Sun
    With Tropic fervour heats the ground,
The SUGAR CANE is chiefly grown
    (Though 'tis in other regions found)
The earliest step is shown below,
    Ere men begin the land to plough;
They burn the stubble, here called "Trash,"
    And spread upon the soil its ash.

PLANTING THE SUGAR CANE.

Now negroes "open up" the ground,
    And plant the Cane in square-shaped holes;
    Meanwhile the Planter walks around
    With eagle glance, and all controls.
      The Hoeing, Watering, must ensue,
        To make the Cane crop thrive and grow.

The Cane is ripe, and men proceed
    To cut it down and strip the leaves.
All hands are pressed, and work with speed.
    A cart the welcome load receives.
It now is ready for the Mill,
Who's click-clack echoes o'er
    the hill.

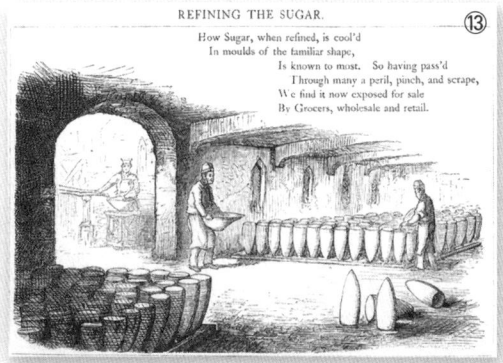

1861년 영국에서 출판된 아동용 도서 《설탕 1파운드의 역사 The History of a Pound of Sugar》는 클락이 묘사한 것과 완전히 똑같은 장면을 보여 주었다. ⑨사탕수수 밭 정비하기. ⑩모종하기. ⑪수확하기. ⑫나무통 따기. ⑬설탕 정제하기. ⑭사탕 제품 팔기. 이 책은 어린 독자를 대상으로 한 것이지만 대양을 건너 설탕을 운반해 오는 노고를 명료하게 잘 표현하고 있다. (미 플로리다 대학 아동문학사 볼드윈도서관 The Baldwin Library of Historical Children's Literature 제공)

우리는 이번 쪽과 다음 쪽 사진에서
설탕 노동자들과 설탕 생산 단계를 더 많이 살펴볼 수 있다.

⑮ 이 사진에 있는 아프리카인 설탕 노동자 두 명은 1901년 세인트 키츠 St. Kitts 섬에서 찍은 것이다. (국회도서관)

⑯ 푸에르토리코 과니카Guanica 인근에서 들판에 불을 질러 나뭇잎을 제거하고 수확을 준비하고 있다. (국회도서관) (이 사진은 1942년 잭 델라노Jack Delano가 찍은 것이다. 그는 이 책을 쓰는 데 밑바탕이 된 인류학자 시드니 민츠의 작업에 함께했다.)

⑰ 늘 그렇듯이 감독관이 말 위에서 감시하고 있다. 푸에르토리코 마나티Manati 인근에서 잭 델라노 촬영. (국회도서관)

⑱ 키가 크고 잎이 무성한 수수 줄기는 방앗간으로 운반되어야 한다. 사탕수수를 수레에 가득 싣고 있는 이 사진은 1917년 하와이에서 촬영되었다. (국회도서관)

⑲ 미국 루이지애나 뉴이베리아 근처에서 사탕수수가 다발로 묶인 채 수확을 앞두고 있다. (국회도서관)

⑳ 푸에르토리코 폰세Ponce 인근에서 사탕수수를 자르는 모습. 이 사진은 1938년 에드윈 로스캄Edwin Rosskam이 촬영했다. (국회도서관)

㉑ 이 사진은 2005년 도미니카공화국 산호세 데 로스 라노스San Jose de Los Llanos 근처 사탕수수 밭에서 찍은 것이다. 사진 속 아이들과 그들의 부모들처럼 설탕 노동자들의 생활은 앞서 게재한 사진들이 보여 주는 것과 매우 유사하다. 노동 시간은 길고 급료는 낮으며 노동이 위험천만하다. 노동자들은 필요 열량의 상당량을 사탕수수에서 얻는다. 이 책 19쪽에 실린 1901년의 두 소년들과 마찬가지로 이들 아이들에게 설탕은 간식이 아니라 음식이다.
(언커먼 프로덕션Uncommon Productions 제공)

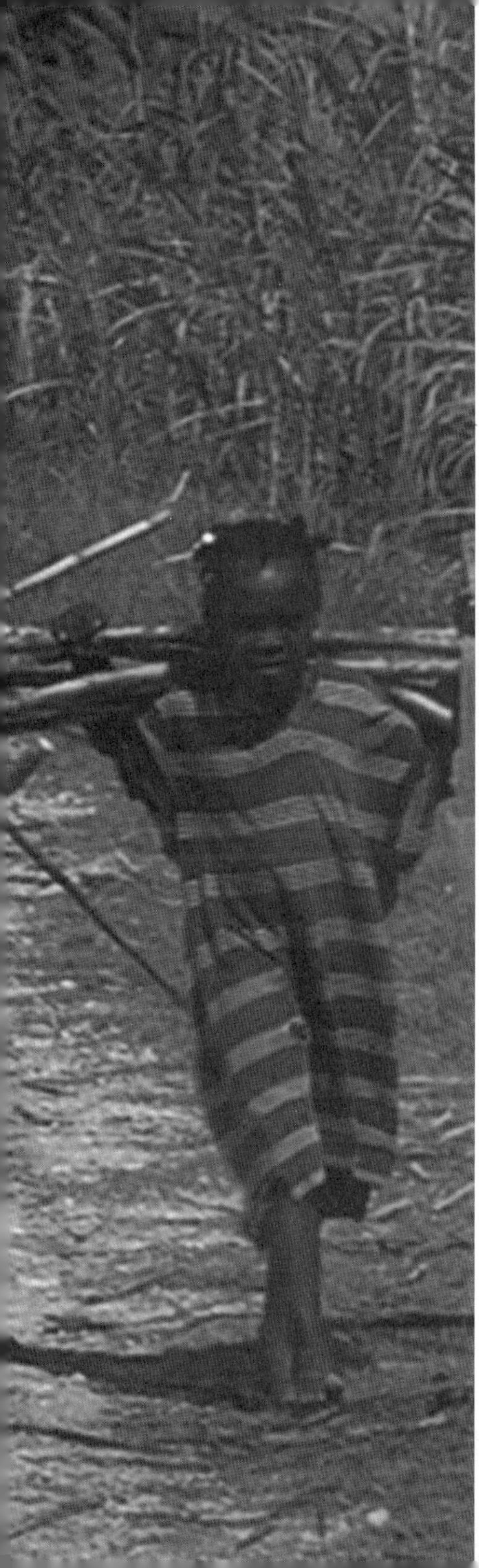

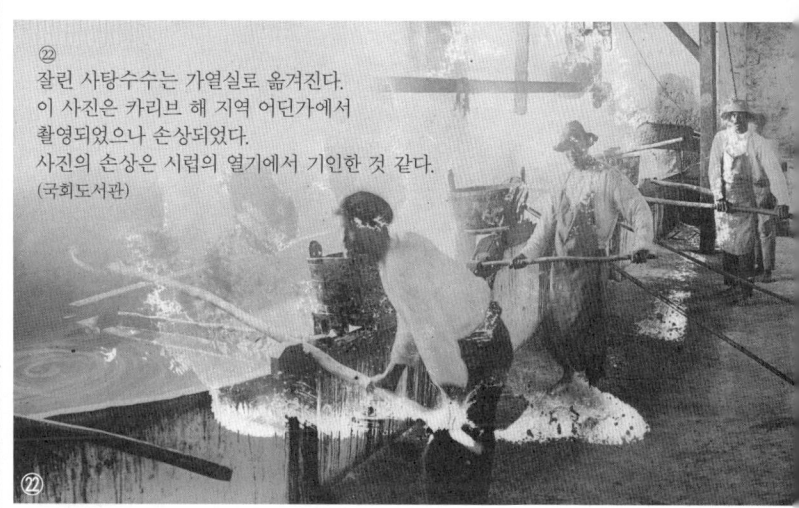

㉒
잘린 사탕수수는 가열실로 옮겨진다.
이 사진은 카리브 해 지역 어딘가에서
촬영되었으나 손상되었다.
사진의 손상은 시럽의 열기에서 기인한 것 같다.
(국회도서관)

㉒

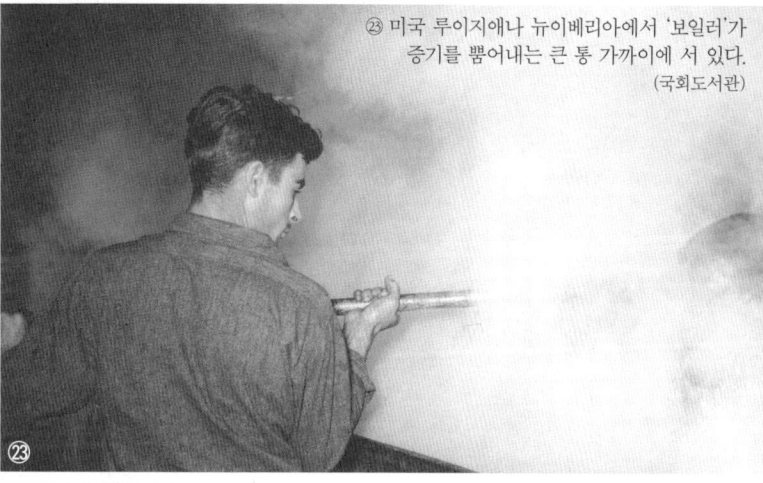

㉓ 미국 루이지애나 뉴이베리아에서 '보일러'가
증기를 뿜어내는 큰 통 가까이에 서 있다.
(국회도서관)

㉓

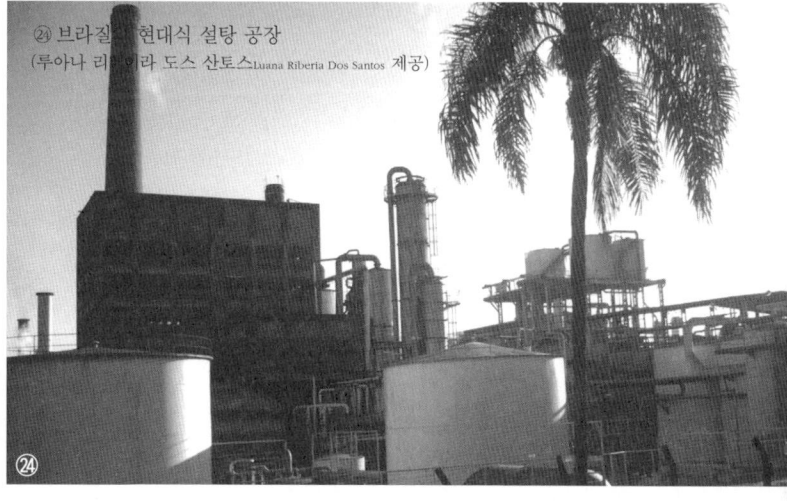

㉔ 브라질의 현대식 설탕 공장
(루아나 리베이라 도스 산토스Luana Riberia Dos Santos 제공)

㉔

푸에르토리코 과니카 인근 농민들이 휴일 파티를 즐기고 있다. 음악은 설탕 노동자의 삶과 경험에 대한 하나의 단서를 제공해 줄 수 있다. 잭 델라노가 찍은 설탕 수확 사진들 가운데에서 채록. (미국 의회도서관)

설탕과 함께하는 고동치는 삶

설탕 밭에서 일했던 아프리카인들과 힘겨운 노동에 대해 인터뷰한 사람은 아무도 없다. 그들은 일하면서 죽어야 했다. 하지만 그들의 목소리를 들을 수 있는 한 가지 길이 있다. 아프리카인들은 그들의 삶의 고동, 곧 박자를 음악과 춤과 노래로 창작했다. (설탕 밭에서 부르는 음악을 몇 곡 들으려면 www.marcaronson.com을 방문하라.) 푸에르토리코에서 봄바bomba는 설탕 노동자들이 만든 음악과 춤이다. 그것은 한 여성과, 그녀와 함께 춤을 추는 남성, 그녀를 관찰하면서 그녀의 율동에 딱 맞는 리듬을 찾아 가는 북 연주자들에 관한 이야기를 리듬으로 표현한 일종의 대화다. 주인이 지나가면서 춤을 지켜본다. 분개나 폭동을 표현하는 가사는 이 음악에는 없다. 하지만 그녀가 움직이고 흔들어 대고 북 연주자들이 자신들의 박자를 배경으로 "이야기를 하는" 동안 노동자들은 자신들이 그저 일하다 죽기 위해 태어난 노동자도, 한 점 고깃덩어리도 아니라는 것을 말하고 있었다. 그 대신에 그들은 생존해 있으면서 그들 자신의 것인 율동과 소리로 서로에게 이야기하고 있었다.

쿠바에서 설탕 노동자들은 룸바rumba의 가사와 사운드로 자신들의 이야기를 털어놓았다. 한 노래에서 말한 것처럼 "주인은 내가 북을 연주하는 걸 원치 않지." 감독관들은 노예들이 북을 이용하여 메시지를 전달하고 폭동의 의사를 확산시키는 것을 두려워했다.

1779년 도미니카 섬을 그린 이 그림은 나무 막대 싸움을 묘사하고 있다. 브라질의 마쿨렐레와 마찬가지로 나무 막대 싸움은 경연이면서 동시에 노예들이 자신들을 표현할 수 있는 하나의 방법이었다. 그들은 직접적으로 자신의 주인에게 도전하지 않았지만 서로 자신들의 기술과 힘을 과시했다. (아고스티노 브루니아스Agostino Brunias 작품. 미국 브라운 대학 존 카터 브라운 도서관 소장)

팔마레스 : 마룬 왕국

줌비zumbi는 영어의 좀비zombi와 같은 소리로 들린다. 그것은 많은 백인계 브라질인이 그를 어떻게 바라보았는지를 정확하게 표현한 것이다. 줌비는 아프리카인과 아메리카 원주민은 물론 심지어 백인계 노예들까지 탈출시키면서 거의 한 세기 동안 브라질을 건국하고 수호한 국민 지도자로서 그의 삼촌 강가 줌바Ganga Zumba("위대한 군주"를 의미)의 길을 따랐다. 그는 그를 지지하는 사람들에게는 영웅이었고 유럽인 노예 소유주들에게는 공포였다. 오늘날 브라질인들은 위대한 선조로서 그의 영예를 기린다.

1600년에서 1695년 사이 브라질 해안의 설탕 농장들 뒤편에 있는 산간 지역에 자리한 팔마레스 Palmares("야자수의 땅"을 의미)는 그 자체로 하나의 나라였다. 유럽인들은 교회와 예배당과 함께 방어 시설을 잘 갖춘 여러 도시뿐만 아니라 공방과 대장간과 도자방을 목격했다고 전했다.

전성기에는 팔마레스에 약 2만 명에서 3만 명이 살았다. 그들은 아프리카에서 직접 도입한 믿음들에 근거한 법과 관습을 따르는 한편, 그것을 아메리카 원주민과 유럽의 관습과 혼합시켰다. 예컨대 그들은 아프리카식으로 장식된 유럽식 의상을 입었다. 그들은 기독교 교회를 경배하는 한편, 아프리카 신들을 신봉하는 의식을 거행했다. 가장 개연성이 큰 것으로 그들이 아프리카산 참마를 유럽의 혼합 조미료들과 아메리카 자생 옥수수와 함께 스튜에 넣어 요리했다는 점이다. 브라질 설탕 농장의 노예들은 누구나 산악 지대로 가서 팔마레스 공동체에 들어갈 수 있다면 자유를 손에 넣을 수 있다는 사실을 알았다. 도망하여 주인들의 통제를 벗어나 생활한 노예들은 "마룬maroons(탈주 노예들)"으로 불렸다. 이 표현은 도망하여 야생에서 생활하는 가축을 지칭하는 스페인어 시마론cimarrón에서 유래했다. 팔마레스는 모든 설탕 농장들에 존재했던 탈주 공동체 가운데 가장 뚜렷한 족적을 남긴 사례에 불과했다. 노예들은 기아나의 삼림이나 자메이카의 험준한 계곡에 있는 "칵피트 컨트리cockpit country(닭 볏의 땅)" 혹은 북아메리카의 늪지대로 도망할 수 있었다. 농장주들이 마룬 집단들을 소탕하기 위해 엄청난 노력을 기울였지만 많은 것들은 대단히 강하게 잘 방어되어 유럽인들은 그들과 평화협정에 조인해야 했다. 일부 마룬 공동체의 후예들은 설탕 농장주들이 결코 정복하지 못했던 땅에 지금도 여전히 살고 있다.

존 가브리엘 스테드만John Gabriel Stedman은 1772년 수리남의 네덜란드령 설탕 식민지로 건너와 도망 노예들과 전투를 벌였다. 그는 자신의 경험을 기록하고 자신이 구술하는 장면을 그리도록 미술가들을 후원했다. 오른쪽 그림은 스테드만의 작품에 실린 한 마룬 전사를 그린 것이다. (암스테르담 대학 도서관 특별 소장품 UBM: NOK 95-198, 도판 2, T.O.P. 43)

마찬가지로 브라질에는 설탕 농장을 떠올리게 하는 마쿨렐레Maculelê라는 춤이 있다. 마쿨렐레는 막대나 사탕수숫대를 이용하여 춤을 추는 것으로 흡사 전투 훈련을 연상시킨다. 많은 설탕 섬들에서 아프리카인들은 빙글빙글 돌고 높이 뛰어오르며 상대를 위협하는 것처럼 춤을 추고 나무 막대를 두드리고 휘두르는 유사한 춤들을 고안했다. 이들 춤들은 실제로는 주인에게 도전하지 않으면서 전쟁을 모방하는 방식이었다.

일부 노예들은 다음 단계를 밟았다. 설탕 플랜테이션에서 도망치거나 폭력으로 그들을 공격하는 것은 또 다른 종류의 발언이었다. 노예가 된 아프리카인들은 더 이상 자신들의 삶을 견딜 수 없게 되었을 때 도망하거나 싸우는 모든 위험을 감수했다. 그

제임스 헤이크월James Hakewill은 1825년 자메이카의 카디프 홀 대저택the Cardiff Hall Great House 그림을 그렸다. 언덕 위에 지어진 이 저택에는 산들바람이 불어왔고 농장주는 자신의 부지를 내려다볼 수 있었다. 하지만 농장주들은 여건이 허락되자마자 대저택을 남겨 둔 채 영국으로 돌아갔다. (제임스 헤이크월: 《그림으로 보는 자메이카 여행A Picturesque Tour in the Island of Jamaica》, 서가번호 1486. GG. Ⅱ, 도판 23, 대영도서관 소장)

들의 소유주가 일꾼들을 잠재울 수 있는 단 하나의 방법은 도망이나 폭동에 대한 상금을 아주 높이는 것이었다. 공포를 확산시키는 것이 감독관들의 일이었다.

감독관

토머스 시슬우드Thomas Thistlewood는 1750년 스물아홉 살 때 자메이카에 도착했다. 당시 백인 약 1만 7천 명이 그곳에 살고 있었고 또 다른 7천 명은 "검둥이가 아닌 사람들" 혹은 "유색인"으로 불렸다. 후자의 사람들은 다양한 배경 속에 돈이나 법적 권리를 가진 이들이었다. 17만여 명에 달하는 나머지 인구는 노예 노동자들이었다. 이들 노동자들 대부분은 아프리카에서 태어나 갓 노예로 팔려 온 상태였다. 토머스 같은 감독관은 자신을 위해 일하는 노예들이 감히 자신을 넘보거나 결코 도망치지 못하도록 공포를 조장할 필요가 있었다. 그는 그들이 자유를 열망하는 이상으로 그의 잔혹함을 두려워하도록 확실하게 각인시킬 필요가 있었다. 에퀴아노가 설명한 것처럼 "이들 감독관들은 대부분 서인도제도에서 가장 악랄한 성격을 가진 사람들이다." 그것은 진실이었다. 하지만 그 절반만 사실이었다. 감독관들의 권한이란 설탕 농장주들에 의해 좌지우지되는 기묘한 삶의 결과물이었기 때문이었다.

설탕 플랜테이션 소유주는 열대의 산들바람이 불어오는 높은 언덕에 집 한 채를 지었고 그것은 대저택the Great House이라고 불렸다. 열린 창문이 일종의 환기구 역할을 하면서 최고로 무더운 날에도 쾌적함을 선사했다. 높고 시원한 방들과 반들반들 윤을 낸 마호가니 목재 가구들, 별도로 분리된 주방 건물과 안채를 오가는 시종들이 있는 이 저택들은 권력과 부를 과시하며 이목을 사로잡기에 충분했다. 플랜테이션 소유주는 자신의 설탕 제국을 지배하는 신이자 군주였다.

대저택에서 농장주들은 가죽 부츠를 벗어 놓기 위해 제작된 특별한 의자에 다리

백인 주인들이 사용하지도 않을 대저택을 지었던 반면, 노예는 평생 동안 단칸방에서 삶을 영위했다. 1823년 자메이카의 한 노예의 "집"을 그린 이 그림은 노예제를 옹호하는 책에 수록되어 있다. 그래서 화가는 집 안을 가능한 깨끗하고 깔끔하며 평화롭게 보이도록 했다. (크린릭 윌리엄스Crynric Williams, 1823년 자메이카 횡단 여행A Tour Throughout Jamaica in 1823, 서가 번호 1050.1.24. 대영도서관 소장)

를 편안히 걸쳐 놓고 베란다에 앉아 럼주 칵테일을 마셨다. 그 사이 그들의 노예들은 수만여 에이커에 달하는 사탕수수 밭에서 노동을 했다. 가구는 물론이거니와 은 식기, 은으로 장식한 의자, 새하얀 세례복, 도자 그릇들 등 기타 편의 용품들도 모두 해외에서 수입된 것이었다.

오늘날에도 카리브 해 연안 언덕들에 자리한 옛 농장주들의 대저택을 발견할 수 있다. 다만 한 가지 이상한 점은 그 집을 건설하고 소유했던 사람들은 그것들을 거의 사용하지 않았다는 점이다. 설탕 농장주들은 충분한 돈을 벌자마자 곧바로 가족을 데리고 유럽으로 돌아갔기 때문이었다. 여러분은 제인 오스틴의 소설 《맨즈필드 공

목에 쇠사슬을 감고 있는 노예와 채찍을 들고 있는 주인의 모습을 그린 이 그림은 카리브 해 설탕 농장의 현실을 보여준다. 이 석판화는 1700년대 말 독일 화가 프리드리히 캄페Friedrich Campe에 의해 제작되었다. 그는 우리들에게 또 다른 이야기를 들려주는 듯하다. 회화 속 노예는 육체적으로 강인하고 뚜렷이 한 사람의 인간으로 보인다. 반면 노예주는 창백하고 핏기가 없는 것이 마치 사람이라기보다는 유령이나 뱀파이어와 같다. 그것은 토머스 시슬우드가 자신의 일기에서 묘사한 세계와 크게 다르지 않다. (《서인도제도의 흑인Der Neger in Westindies》: 인쇄물과 사진Prints and Photographs, 하워드 대학 도서관)

원Mansfield Park》처럼 1800년대 영국 소설들에서 영국의 집에 가만히 앉아서 회계 장부를 들여다보면서 카리브 해에서 설탕 작물이 어떻게 자신의 손에 들어오는지 관찰하는 설탕 농장주들을 만날 수 있다.

주인들이 영국에서 부유한 생활을 즐기는 동안 플랜테이션의 일상적 업무는 감독관들의 손에 놓여 있었다. 한바탕 큰돈을 벌고자 신세계로 찾아온 감독관들은 대개 빈민 출신으로서 노예들에게 눈곱만큼도 동정심이 없었다. 시슬우드는 공포의 교훈을 일찍 터득했다. 그가 목격한 한 주인은 도망자를 체포하여 먼저 채찍을 갈겼다. 그러고 나서 상처 부위에 고추와 소금과 라임 오렌지를 문질렀다. 이런 정도의 잔악 행위는 자메이카에서 흔히 있는 일이었다. 시슬우드는 그것을 "절임"이라고 불렀고 종종 그렇게 했다. 주인들은 그야말로 인간성의 모든 영역을 넘어서는 행위들을 지속적으로 확대 시행했다. 시슬우드는 그것들을 관찰하고 배웠다. 한 노예가 벌 받을 만한 일을 했다고 결정하면 그는 새로운 형태의 고문을 실험했다. 예컨대, 한 노예를 처벌하기 위해 그는 "그에게 재갈을 물리고 손을 묶었다. 그의 몸에 당밀을 바른 후 알몸 상태로 그를 낮에는 파리 떼에, 밤에는 모기떼에 온종일 노출시켰다." 하지만 그것조차도 최악의 형벌은 아니었다.

시슬우드가 누군가에게 애정이 있었다면 그것은 피바Phibbah였다. 그녀는 그가 수년 동안 같이 살다가 자신의 의지로 해방시켜 준 노예 여성이었다. 하지만 그는 남자든 여자든 노예들에게 절대 권력을 행사했다. 그래서 그는 원하는 여성은 누구든 취했다. 그 자신이 계산한 바에 따르면 그는 노예 여성 138명과 관계를 맺었다. 여성들 자신은 물론 그녀들의 남편이나 남자 형제나 부모 어느 누구도 이것을 어떻게 할 도리가 없었다. 그러한 관계는 설탕 농장에서 진정한 악마와 같은 것이었다. 주인은 그가 원하는 것은 무엇이든 할 수 있었지만, 노예는 저항할 수 없었다. 그것이 설탕 지옥의 핵심이었다.

에퀴아노는 설탕 노동자들이 어쩌다 가까스로 "풀"(곧 사탕수수)을 조금 수확하여

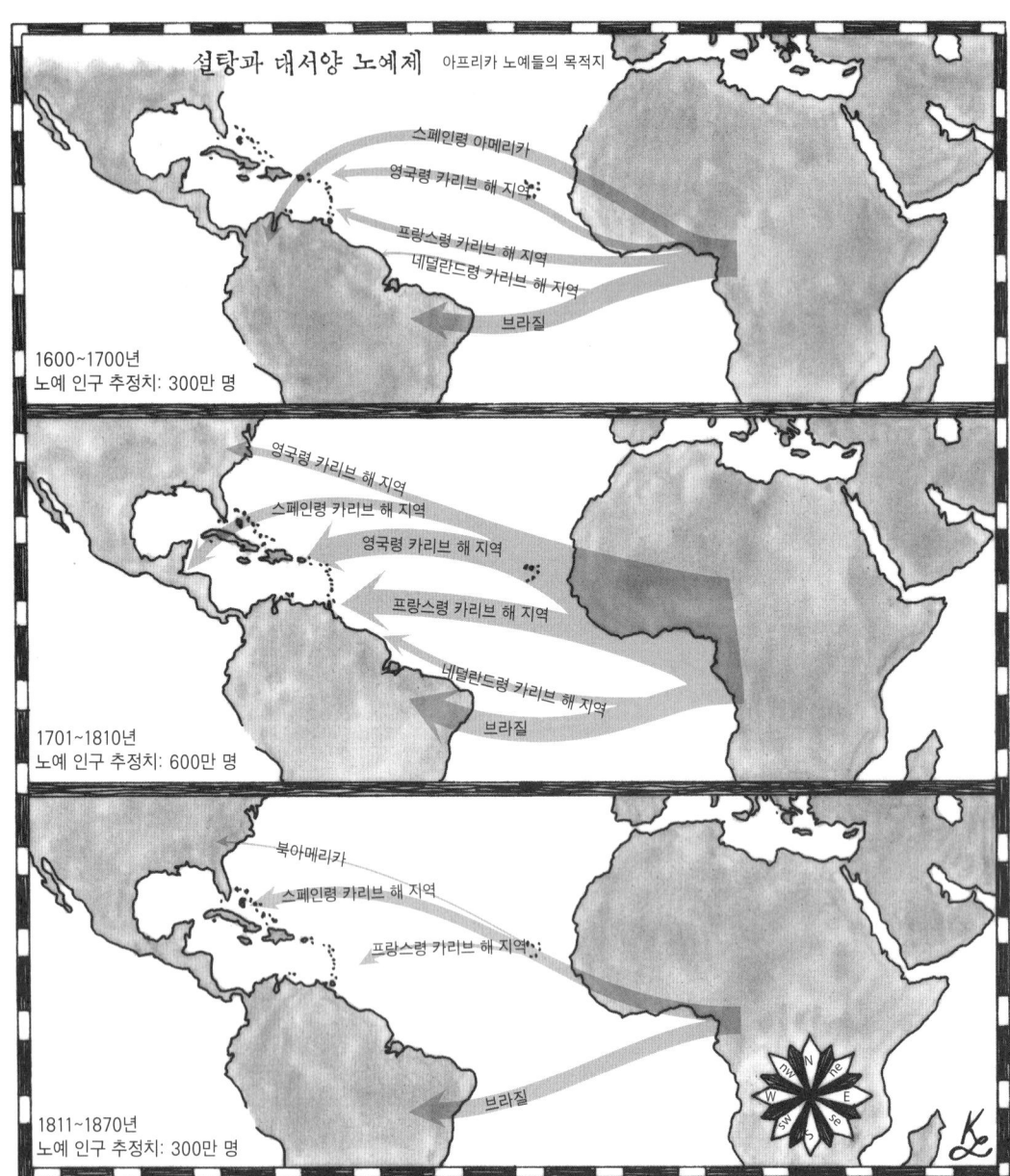

시장에 내다팔 수 있었다고 기록했다. 그러나 "이 경우 백인들이 돈을 지불하지 않고 그들에게서 그 풀을 가져가는 일이 다반사였다." 노예는 아무런 권리가 없었던 반면, 주인들은 아무것도 두려워하지 않았다. 더욱 심각한 것은 돈을 좀 벌려고 하는 여성들을 남성들이 공격하더라도 "불쌍하고 비참하며 무기력한 상태로" 내버려 둔다는 사실이었다.

설탕 플랜테이션들은 노예들에게 강제하는 끝없는 노동 때문에 지옥이었다. 그것들은 거기에서 유발되는 수많은 위험과 부상들 때문에 지옥이었다. 끝없이 노동하는 노예들이 아무런 노동 대가를 받지 못했다는 점에서 설탕 플랜테이션들은 지옥이었다. 다만 그들에게는 오직 다음 날을 살며 더 많은 일을 할 만큼의 대가만이 쥐어졌다. 하지만 이러한 비극의 어떠한 것도 플랜테이션들이 지극히 악질적이었다는 진정한 이유가 되지 못했다. 플랜테이션들은 노예주들과 감독관들이 신으로 간주되면서 악마로 변해 갔다는 점 때문에 진정한 지옥이었다.

영국 역사가 로드 액턴Lord Acton은 "권력은 타락하기 마련이며 절대 권력은 절대적으로 붕괴된다."는 명언을 남겼다. 그것은 설탕 지옥에 딱 맞는 표현이다. 노예들 위에 군림한 절대 권력을 가진 자들은 우리가 악몽에서나 만날 법한 괴물처럼 행동했다. 그들의 잔인함은 한계를 몰랐다. 그들은 노예들을 겁주기보다는 죽이기를 선호했다. 에퀴아노가 설명한 것처럼 몬트세랫Montserrat 섬은 "죽은 자들의 빈자리를 채우기 위해 매년 새로운 흑인 2만 명이 필요했다."

신세계로 아프리카인들을 보낸 노예제를 이해하기 위해서 여러분은 설탕 농장의 사망률부터 살펴보아야 한다. 우리는 종종 노예제를 미국의 특정한 문제로 여기곤 한다. 하지만 아프리카에서 보낸 노예의 4퍼센트만이 북아메리카로 보내졌다. 이는 노예 가운데 96퍼센트가 카리브 해와 브라질, 여타 남아메리카로 갔고 대부분 설탕 관련 노동에 종사했다는 것을 의미한다. 북아메리카의 노예 인구는 부모가 아이를 가질 수 있을 만큼 장수하면서 점차 증가했다. 노예 약 50만 명이 이곳으로 보내졌고 노예해방 당시 아프리카계 미국 노예는 400만 명이 있었다. 그러나 설탕 섬들에서는 200만 명이 넘는 사람들이 아프리카에서 건너왔지만 해방 당시 겨우 67만 명이 있었다. 혹독한 노동량 때문에 설탕은 일종의 살인마였다. 이 모든 죽음과 이 모든 무자비함과 이 모든 학대는 단 한 가지 목적, 곧 "새하얀 금"을 생산하기 위한 것이었다.

유럽으로의 귀환

헨리 3세가 겨우 설탕 몇 파운드를 구하는 데 겪었던 어려움들을 기억하는가? 일단 콜럼버스가 신세계로부터 사탕수수를 가져오면서 그 시간은 끝났다.

1565년 벨기에 브뤼셀에서 열린 포르투갈 공주와 이탈리아 귀족의 결혼식에서 세계 각지에서 가져온 과일들이 긴 탁자 위에 준비되었는데, 각 과일에는 설탕으로 만든 특별할 것 없는 시럽이 둘러져 있었다. 유럽, 아프리카, 동인도제도에서 온 과일들은 접시들 위에 놓였고 나이프가 그 옆에 마련되었다. 접시와 나이프 사이에는 샹들리에가 있었다. 이들 각각의 물건들은 설탕을 조각하여 만든 것이었다. 또 다른 방에는 한층 더 기다란 식탁이 있었고 그 위에는 익숙한 지역들을 배 한 척을 타고 여행하는 공주와 그것을 뒤따르는 고래와 돌고래와 바다 괴물들을 표현한 조각상들이 놓여 있었다. 설탕으로 조각한 조각상 3천여 개가 그 탁자에 놓여 있었고 그 조각상에는 그녀가 여행한 모든 곳이 하나하나 표현되어 있었다. 설탕으로 만든 새장에 들어가 있는 설탕 새들과 행진을 하는 설탕 코끼리가 그 아래에 묘사되어 있었다.

설탕은 가능한 사치스럽게 듬뿍 사용되면서 드디어 황실 결혼을 위한 완벽한 장식물이 되었다. 하지만 수백 년 전 무슬림 군주들이 설탕 조각상을 만들었던 것처럼 부자들은 항상 자신들의 부를 과시하기 위한 방법을 찾기 마련이다. 설탕의 진정한 힘은 또 다른 물건에 좌지우지되었다. 그것은 북인도의 아삼Assam과 중국 전역의 토지

교황 클레멘트 9세(Clement IX: 오른쪽)가 1668년 12월 9일 스웨덴의 여왕 크리스티나Christina를 방문한 것을 축하하는 연회를 집전했다. 탁자는 설탕으로 만든 조각상들로 꽉 채워져 있었다. 이 장면은 피에르 폴 세뱅Pierre Paul Sevin의 수채화에 담겨 있다. (스톡홀름 스웨덴 국립도서관Kungliga Biblioteket 소장. 서가 번호, H.UTs.B.89)

에서 자란 쭈글쭈글한 나뭇잎들, 곧 차였다.

"최고 품질의 껌"

1615년 영국인 위컴Wickham은 일본에 있는 동인도회사에서 일하는 친구 이턴Eaton에게 편지를 써서 "최고 품질인 껌 한 단지"를 사다 주는 친절을 베풀 수 있는지 물었다. 그가 "껌chaw"이라고 표현한 것은 차였다. 처음으로 한 영국인이 그 음료에 대해 거론하던 때의 일이었다. 차가 어떤 것인지 아는 영국인들은 인도나 중국 혹은 일본에서 일한 소수에 불과했다. 포르투갈은 무역도시 봄베이를 지배했고 그 후 포르투갈인들이 먼저 그 음료수를 즐기기 시작했다. 1662년 영국의 찰스 2세^{재위 1660~1685}가 포르투갈 공주 브라간자의 캐서린Catherine of Braganza과 결혼하게 되었을 때 그녀는 지참금의 일부로 봄베이와 차 맛을 영국 황실로 가져왔다.

  왕과 왕비가 한 일은 즉시 복제되었다. 동인도회사 간부들은 1687년 차 2만 파운드를 사서 성공할 거라는 확신을 품고 영국에 그 나뭇잎을 팔 수 있었다. 이들 상인들은 옳았다. 1711년까지 동인도회사는 영국으로 매년 차 20만 파운드를 실어 날랐고 겨우 40년 후에는 그 판매량이 300만 파운드에 달했다. 차가 건강에 좋다는 의사들 말을 듣고 영국인들은 하루에 50잔씩 차를 들이켰다. 그런데 사실 1770년대까지 북아메리카인 175만 명은 영국인 600만 명보다 5배나 더 많이 차를 마시고 있었다. 그리고 차 한 잔마다 설탕 몇 숟가락이 함께 딸려 왔다.

  차는 일반적으로 따뜻하게 제공되며 아주 감미롭고 매력적인 향기를 풍긴다. 하지만 그 자체로 차는 1600년대 유럽으로 건너온 두 가지 새로운 음료, 곧 커피와 뜨거운 코코아처럼 대체로 쓰다. 영국에서 최초의 커피숍은 1652년에 한 투르크인 남성이 열었다. 유럽 밖의 중국과 아라비아, 멕시코 등지에서 사람들은 뜨거운 음료를 담백하게 즐겼다. 하지만 유럽에서는 이들 세 가지 새로운 음료에 모두 설탕을 가미했다. 그래서 1700년대에 설탕은 영국, 네덜란드, 북아메리카에서 돈을 좀 가진 모든 사람들을 위한 표준 재료가 되었다. 1700년대 초반 영국에 사는 보통 사람은 매년 평균 설탕 4파운드를 소비했다. 한 세기가 지난 후 이 사람은 18파운드를 들이켜고 있었다. 100년 만에 영국인 한 명이 소비한 설탕의 양이 450퍼센트 증가한 것이다. 그것은 설탕이 진정으로 소비되기 전의 일이었다.

  1750년대부터 설탕은 유럽인의 식습관을 변모시켰다. 부자들을 위해 요리하는 요리사들은 음식을 구분하기 시작했다. 그전에 설탕이 (결혼 피로연 등에서) 장식으로

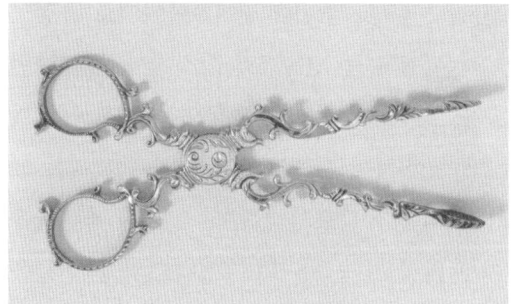

[왼쪽 상단] 이 그림이 그려진 1727년까지 영국 가정에서는 설탕 접시, 차를 담은 통, 설탕 집게 등 정성스럽게 고른 그릇들을 선보이면서 잘 끓인 차를 대접하는 것으로써 부와 지위를 과시했다. (리처드 콜린스Richard Collins, "차를 마시는 3인 가족A Family of Three at Tea" V&A Images/빅토리아-앨버트 박물관 소장)

[왼쪽 하단] 1750년 작품으로 이 은제 "설탕 집게"는 큰 덩어리로 팔리는 설탕에서 한 조각을 잘라 내는 데 쓰였다. 인물화에서처럼 설탕은 부와 맛을 과시하는 데 안달이 난 사람들을 위한 필수 가정용품이 되었다. (V&A Images/빅토리아-앨버트 박물관 소장)

[오른쪽] 1800년대 중반에 이르면 보통의 영국 가정은 하루에도 몇 번씩 차를 대접하는 그릇들을 가지고 있어야 했다. 이 그림은 1861년 발간되어 영국인 주부들의 표준 소장품이 되었던 비턴Beeton 부인의 요리 책에서 따온 것이다. (대영도서관 서가 번호 7942.DD.9.1318)

쓰이거나 모든 코스 요리에서 맛을 내기 위한 조미료로 쓰였던 데 비해, 이제는 고기와 생선 요리, 채소 요리에서는 빠지고 원래의 자리, 곧 후식으로 주어졌다. 식사 후에 즐기는 극도로 달콤한 후식이 개발되었는데, 이는 아주 많은 설탕을 구할 수 있었기 때문에 가능했다. 하지만 부자들만이 식습관을 바꾼 것이 아니었다. 설탕은 하나의 음식이자 필수품이 되었으며 영국 최빈층 노동자들의 기본 식단이 되었다.

전통적으로 영국 노동자들은 맥주를 직접 주조해서 주식인 빵과 함께 마셨다. 1700년대 후반의 한 스코틀랜드 작가는 더 이상 맥주를 사 마실 수 없는 상황에 처한 노동자들에게 차는 "맥주를 마시는 중하층 사회의 경제적 대체제가 되었다."고 논평했다. 아시아에서 운송해 온 "차"와 "서인도제도에서 가져온 설탕은 맥주보다 값싼 음료를 만들었다." 새로운 음료는 곧바로 값싸면서도 필수적인 상품이 되었다.

왜 영국인들이 특히 저가의 뜨거운 음료를 필요로 했던 것일까? 한마디로 공장들 때문이었다. 영국은 주로 농원이나 탄광, 작은 점포 등 전통적인 장소에서 돈을 벌던 것에서 공장으로 이행한 세계 최초의 국가였다. 1800년대 초 영국인들은 직물을 짤 기계를 어떻게 제작하고 노동자들을 어떻게 조직하여 그 방직 기계들을 돌릴지를 해결했다. 공장 노동자들은 집을 떠나 일터로 이동할 필요가 있었다. 그들은 자신만을 위한 식량을 재배하는 농지 위에 서 있지도 않았고 간식을 먹고 싶다고 도중에 일을 멈출 수 있는 가게 안에 있지도 않았다. 그 대신 그들은 장시간 함께 일했고 허락을 받고 난 후에야 휴식을 취했다. 공장 노동자들은 들고 다니기 쉬우면서 다음 휴식 시간까지 에너지를 지속시켜 줄 수 있는 값싼 음식이 필요했다.

영국 전역, 특히 맨체스터와 리버풀과 같이 검은 연기로 가득 찬 도시들에서는 공장 안에 호각 소리가 울려 퍼지면 노동자들은 일제히 쥐고 있던 프레스를 내려놓고 우르르 몰려 나와 설탕으로 단맛을 낸 차 한 잔을 재빨리 마셨다. 그들은 보통 따뜻한 음료에 빵 한 조각을 적셔 먹었다. 곧 영리한 공장장은 이 잠깐의 휴식과 단것을 한 입 먹고 싶어 하는 욕구는 하나의 기회라고 생각했다. 그래서 영국 노동자들에게 설탕으로 맛을 낸 쿠키와 사탕이 제공되었다. 오늘날 에너지 바라고 불리는 이러한 식품들은 노동자들이 그것을 재빨리 집어 먹고 장시간 교대 근무를 수행하도록 촉진했다.

1800년경부터 설탕은 세계에서 가장 발전된 경제기구인 영국 공장들이 가동될 수 있도록 뒷받침하는 기초식품이 되었다. 설탕은 에너지와 미량의 영양분, 또 가장 빈곤한 공장 노동자조차도 기대할 수 있는, 따뜻한 차에 가미되는 달콤한 맛을 제공했다. 설탕은 필수품이었다.

영국인들은 왜 직물 가공 공장을 건설한 최초의 국민이 되었을까? 그것은 그들이 벌어들인 재산과 그들이 형성한 교역망, 노예와 설탕 교역을 통해 그들이 발전시킨 금융 제도 때문이었다. 아닌 게 아니라 공장에서 생산된 값싼 직물은 노예들에게 옷을 입히는 데 이용되었다. 영국 공장들은 설탕에 의해서 건설되고 돌아가고 지불되었다고 평가할 수 있을 것이다.

1800년 영국인 한 사람이 연간 설탕 18파운드를 소비하고 있을 때 전 세계에서 약 설탕 25만 톤이 생산되고 있었고 그 대부분은 유럽으로 운반되었다.

찰스 디킨스의 책에 실린 이 그림은 1837년 조지 크뤽섕크George Cruikshank의 작품이다. 이 작품은 설탕으로 단맛을 낸 차가 런던의 거리에서 판매되고 있는 모습을 묘사하고 있다. 설탕은 사치품에서 절대적 필수품으로 변모했다. (대영도서관 서가 번호 G 18068 반대편 55)

83

최초의 공장들은 1835년 영국에서 그려진 이 그림 속 면화 방직공장과 유사한 장소였다. 기계들의 속도가 설정되면 노동자들은 그 정지 시각을 선택할 수 없었다. 휴식을 취할 때 그들은 신속하면서도 값싼 에너지를 한 입 넣을 필요가 있었다. 그 에너지는 달콤한 차와 쿠키의 형태로 제공되었다. 차를 한 잔 하는 휴식 시간은 플랜테이션의 잔혹한 설탕 노예 세계와, 공장제 기업의 신규 노동의 리듬이 연계된 방식들의 하나였다. ("실 잣는 암수 노새 A Pair of Spinning Mules" 대영도서관 서가 번호 1044.G.23 반대편 211)

1세기가 지난 후인 1900년에는 설탕이 잼과 케이크, 시럽, 차에 사용되었고 모든 근대국가는 공장으로 가득 찼으며 세계 설탕 생산량은 600만 톤에 달했다. 당시까지 영국의 보통 사람은 연간 90파운드를 먹어 치웠으며 20세기 초에도 그 수치는 꾸준히 증가했다. (오늘날 미국인들은 설탕을 1인당 연간 겨우 40파운드를 먹는다. 하지만 그것은 현재는 옥수수 시럽 등 다른 형태의 단 음식들이 설탕보다 더 싸기 때문이다. 여러분이 모든 형태의 단 음식들을 고려한다면 미국인들은 매년 평균 140파운드를 소비하는 셈이다.)

설탕의 시대

　1800년대가 끝날 무렵 노예와 공장과 전 지구적 교역의 결합으로 형성된 설탕의 시대는 꿀벌의 시대를 명백히 대체하고 있었다. 꿀벌의 시대에 사람들은 거주 지역에서 생산된 음식을 먹고 선조들의 땅에 살았으며 변화 속에서도 전통을 존중했다. 설탕은 노예의 산물이자 가난한 공장 노동자들이 탐닉하는 것이었으며 또한 토머스 시슬우드와 같은 감독관들의 만행과 엄정한 신경제가 만나는 장이었다. 그런데 바로 그러한 이유 때문에 설탕은 또한 자유를 향한 투쟁의 핵심이 되었다.

　대서양 노예제를 이야기할 때 우리는 설탕 지옥을 설명해야 한다. 하지만 지옥으로서 설탕은 설탕 이야기의 일부에 불과할 뿐이다. 아프리카인들은 경제 대전환, 나아가 진정으로 전 세계인들의 삶에 일어난 대변화의 심장에 있었다. 아프리카인들은 새로운 땅과 새로운 종교, 나아가 고향 땅에서는 한 번도 만난 적이 없던 다른 아프리카인들에 적응하는 진정한 세계시민이었다. 그들의 노동은 설탕의 시대, 곧 산업 시대를 가능하게 했다. 우리는 노예를 단순히 희생자로만 바라보아서는 안 된다. 오늘날 우리가 살아가는 상호 연결된 세계의 선구자로서 바라보아야 한다. 실제로도 노예화된 아프리카인들이 언어로서든 행동으로서든 표현하기 시작하고 유럽인들이 그들을 인간으로 바라보기 시작했을 때에야 비로소 설탕의 시대가 자유의 시대가 되었다.

제3부
자유

모든 인간은 평등하다

1714년 빌뇌브Villeneuve 라는 한 부인이 프랑스에 방문한 사건을 통해 여러분은 세계의 한 격변과 마주할 수 있을 것이다. 그해 카리브 해 출신의 노예 여성 폴린Pauline 이 여주인의 시종으로 프랑스에 도착했다. 빌뇌브 부인은 카리브 해를 떠나 파리를 방문했을 때 한 수녀원에 폴린을 남겨 두었다. 많은 시간 수녀들과 공부를 하고 열심히 훈련을 받은 끝에 폴린은 수녀원에 남아 수녀가 되게 해 달라고 요청하기에 이르렀다. 수녀들은 이에 동의했지만 이는 빌뇌브 부인을 격분시켰다.

그녀는 재판관에게 달려가 자신의 재산을 돌려 달라고 요구했다. 폴린은 자유로운 여성이었는가, 예수의 여성이었는가, 혹은 사고팔리다가 쓸모가 없어졌을 때 창고에 처박히는 물건이었는가?

사건이 있기 23년 전 루이 14세재위 1643~1715는 프랑스령 설탕 섬들에서 행해지는 노예제가 합법적이라고 규정한 법령들을 반포했다. 그런데 노예 두 명이 어렵사리 프랑스에 도착했을 때 루이 14세는 "그들이 프랑스 흙을 밟는 순간" 자유를 얻었다고 말하며 그들을 해방시켰다. 재판관들은 폴린 쪽으로 기울었다. 그들의 눈에 그녀는 재산의 일부가 아니라 진정한 인간이었다. 루이 왕처럼 폴린의 재판관들에게 저 멀리 바다 건너에서 시행되는 노예제는 프랑스 안에 있는 개별 노예들과는 완전히 다른 것이었다.

노예 소유주들은 크게 반발하며 자신들이 프랑스에 도착했을 때 노예들을 재산으로 등록할 수 있고 프랑스를 떠날 때 그들과 동행할 수 있다고 주장했다. 프랑스 대부분 지역에서 이 주장에 동의했지만 파리의 입법자들은 주저했다. 피에르 르메르 주니어는 노예들을 위한 조항을 만들었다. 그는 1716년 "모든 사람은 평등하다."고 주장했다. 이는 미국 독립선언이 발표되기 정확히 60년 전의 일이었다.

1716년에 "모든 사람이 평등하다."고 말한 것은 하늘에 새로운 태양이 있다고 선언한 것과 마찬가지였다. 당시 노예제는 세계 구석구석에 만연해 있었고 동유럽인 대부분은 자신들이 일하는 토지와 함께 팔릴 수 있는 농노들이었다. 노예제가 그 어느 때보다 잔혹했던 설탕의 시대에 모든 인간이 평등하다는 사상이 확산되기 시작했고 그것은 왕을 끌어내리고 정부를 전복시키고 온 세상을 변모시켰다.

설탕은 노예제와 자유 사이의 연결 고리이자 끈이었다. 설탕을 창조하기 위해 유럽인들과 아메리카 각지의 식민주의자들은 아프리카인들의 정체성을 파괴하고 그들을 물건으로 변모시켰다. 바로 그 순간에 유럽인들은 유럽 현지에 있든 대서양을 건너가 있든 그들 자신이 정치적 객체로 머물러 있는 현실을 더 이상 용납할 수 없다고 결심

했다. 유럽인들은 각기 투표하고 공개적으로 발언하고 옥좌에 앉아 있는 왕들과 황실 가문의 통치에 도전할 필요가 있었다. 어떻게 그럴 수 있었을까? 사람들은 왜 노예로부터 이윤을 뽑아내는 한편 평등을 줄기차게 주장했을까? 사실 노예가 경작하는 설탕을 향한 전 지구적 굶주림은 직접 노예제의 종말을 견인했다. 설탕과 노예제의 실타래는 혁명 시대의 소용돌이 속으로 곧장 딸려 들어갔다. 이는 북아메리카, 그 후 영국, 프랑스, 아이티, 그리고 다시 북아메리카에서 설탕의 시대가 자유와 노예제 사이에 거대한 마지막 충돌을 불러일으켰기 때문이었다.

모든 인간은 평등하다 : 아메리카 사례

1765년 4월 7일 일요일 저녁 북아메리카 로드아일랜드에서 남성 한 무리가 얼굴을 검게 칠하고 상선 폴리Polly에 올라가 화물인 커다란 통을 공격했다. 커다란 통마다 설탕 섬들에서 실어 오는 당밀이 들어 있었다. 이 사건은 보스턴 차 사건Boston Tea Party이 일어나기 8년 전에 일어났는데, 그 쟁점은 똑같았다. 영국 의회는 북아메리카인들에게 아무런 통지도 없이 설탕에 세금을 부과했고 식민지 개척자들은 격노했다.

순수하고 단순하게 말해서 당밀 통들을 배에서 굴려 바다로 빠뜨려 설탕세를 내지 않겠다고 하는 로드아일랜드인들은 영국인들의 입장에서 밀수꾼이나 다름없었다. 하지만 그 아메리카인들은 자신들이 세금에 저항할 필요가 있고 그렇지 않으면 그저 노예가 될 것이라고 주장했다. 그 아메리카인들이 믿기로는 자유민에게는 스스로의 힘과 두뇌와 의지로 일구어 온 것에 대한 권리가 있었다. 분명히 자유인들은 여전히 법률을 준수해야 했지만 그것은 그러한 규칙들을 제정하는 데 자신들의 말과 목소리가 담겨 있을 때 가능한 것이었다. 자유인들은 왕 같은 아버지를 조용하게 충실히 따르는 아이들이 아니었다. 오히려 그들은 그들 자신을 위해 목소리를 내는 어른들이었다. 이것은 낡은 꿀벌의 시대-이 시기 한 인간의 책무는 살아 있는 동안 쓸모가 있으면서 순종적이고 자신의 숙명에 만족하는 것이었다.-로부터 벗어나는 중대한 첫걸음이었다. 미국인들에게 재산을 소유하고 제어하는 일은 자유와 노예제 사이의 차이와 같은 것이었다. 그들은 어떠한 세금에 대해서도 저항했지만 그들에게 설탕은 대단히 취약한 약점이었다.

　토머스 시슬우드와 같은 사람들의 손에 자신의 노예를 맡긴 카리브 해 대농장주들은 영국에서의 삶에서 절정의 이익을 향유했다. 런던 인근에 거주함으로써 그들은 부를 이용하여 의원들에게 영향력을 행사할 수 있었고 스스로 의원직에 출마할 수도 있었다. 예컨대 윌리엄 벡포드William Beckford는 자메이카에서 24년간 설탕 플랜테이션을 소유한 가문 출신이었다. 한 사람의 성인으로서 그는 영국에서 살았지만 멀리 떨어진 자메이카에 있는 섬에 2천 명을 소유하고 있었다. "사탕수수 시장Alderman Sugercane"으로 알려진 그의 삶은 대단히 성공적이어서 런던 시장과 영국 의회 의원이 되었다. 벡포드와 같은 설탕 영주들은 아메리카 식민주의자들이 자신의 농장이 있는

런던 시장 윌리엄 벡포드는 자메이카의 설탕 농장에서 큰돈을 벌었다. 아메리카인들은 설탕 영주들이 영국에서 행사하는 권력을 뼛속 깊이 잘 알고 있었다. (미국 의회도서관)

벡포드가 소유한 자메이카의 토지들 가운데 하나를 그린 이 그림은 1778년 출간되었다. 분명히 화가 조지 로버트슨George Robertson은 그 풍경을 평화롭고 아름답게 보이게 하고 노예들을 순종적이면서 겸허한 모습으로 그리고자 했다.

섬에서만 설탕을 구매하고 다른 곳에서 더 값싼 설탕을 찾지 못하도록 못 박아 두고자 했다.

북아메리카에서 뉴잉글랜드의 자갈 섞인 땅을 일구는 농민들이나, 심지어 노예가 경작하는 담배 밭을 가진 콧대 높은 버지니아인들조차도 자신의 노동을 타인에게 전가하거나 영국으로 이주해 가는 호사를 누리지 않았다. 아메리카인들은 값싼 설탕을 원했고 그것을 어디서든 구매할 수 있기를 희망했다. 하지만 그들은 영국 의회에 아무런 목소리를 내지 못했다. 그로 인해 그들은 의회에서 설탕 농장주들을 위해 편향적으로 내린 결정을 받아들이기가 지극히 힘들었다. 아메리카인들은 속임수와 침묵을 강요받으면서 사실은 노예화되고 있다고 느꼈다.

1733년 영국 의회는 영국인 소유가 아닌 지역에서 수입되어 들어오는 당밀의 가격을 1갤런당 추가로 6센트를 더 부과하기로 결정했다. 만일 식민주의자들이 당밀법 Molasses Act 조항들을 실제로 준수했다면 치명적인 결과를 낳았을 것이다. 프랑스령 섬들에서 들여오는 당밀 가격이 너무 비싸져 상인들은 결코 이익을 낼 수 없었을 것이다. 결국 상인들은 영국인에게 눈을 돌리게 되고 영국인들은 당연히 가격을 올렸을 것이다. 즉 식민주의자들이나 프랑스인들이 이 규칙을 따른다면 이 단 하나의 법령이 설탕 농장들과 북아메리카 교역 전체를 불능 상태로 빠뜨릴 수 있었다. 하지만 그들은 물론 그 반대로 행동했다.

당밀법은 아메리카인들을 더 나은 밀매상으로 만드는 것 외에 아무것도 이루지 못했다. 그러나 이 법령은 1763년 중대한 해가 도래하기까지 거듭 개정되었다. 당밀법이 폐기되면서 영국은 7년 전쟁(북아메리카에서 치러진 국지전으로서 종종 프랑스-인디언 전쟁으로 명명된다.)으로 알려진 전 지구적 패권 경쟁에서 프랑스에 승리를 거두었다. 전쟁 배상금을 물리기 위해 영국 수상은 법령의 효력을 강화하기로 결정했다.

이제 설탕법으로 불린 그 법은 식민주의자들이 밀수를 중단하고 설탕세를 지불하도록 하기 위해 고안되었다. 강화된 설탕법에 대한 소식이 북아메리카 식민주의자들에게 전해지자 그들은 격분을 억누르지 못했다. 영국 의회의 이번 조치는 그들에게 문자 그대로 "대표 없는 과세"였다. 보스턴에서 열린 총회는 "만약 세금이 부과되는 지역의 법적 대표를 단 한 명이라도 갖지 않은 채 우리에게 세금이 부과된다면, 우리는 자유로운 신민의 신분에서 비참한 공납 노예의 지위로 전락하는 것이 아닌가?"라고 반응했다. 곧 뉴욕과 노스캐롤라이나에서 열린 의회에서도 한목소리를 내며 설탕법에 저항했다.

의회가 설탕 영주들의 말에 귀를 기울였을 때 식민주의자들은 마치 노예마냥 무력함을 느꼈다. 영국이 아메리카인의 재산을 빼앗을 수 있다면 그는 자유인이 아니었다. 그래서 토머스 제퍼슨은 존 애덤스와 벤저민 프랭클린과 함께 독립선언문을 작성하고 누구든 결코 잃어버릴 수 없는 어떠한 권리, 곧 생명권, 자유권, 재산권이 있다고 주장했다. (그것들은 "행복추구권"의 일부에 해당한다.) 그러나 제퍼슨은 노예제를 영원히 사라져야 할 해악으로 간주했던 것과 달리, 자신에게 여전히 노예를 사고팔 권리가 있다고 믿었다.

설탕의 시대에 아메리카인들은 자신들이 소유한 것을 지키기 위해 목숨을 바쳤지만 다른 사람들을 계속 소유했다. 한 사람의 인간이 매매될 수 있다는 사상을 향한 도전은 역설적이게도 영국인에게 주어졌다.

그리고 그것은 모두 한 학교의 과제와 함께 시작되었다.

"개인의 의사에 반하여
누군가를 다른 사람들의 노예로 만드는 것이 합법적인가?"

매년 캠브리지 대학은 라틴어로 쓴 최고의 논문에 대해 상을 주었다. 이것은 소수의 학자들을 위한 모호한 평가가 아니었다. 상을 받는 것은 크나큰 영광으로 여겨졌다. 1785년 경연을 위한 주제를 선택한 사람은 그것을 노예제를 위한 무기 중 하나로 이용하고자 결심하고 경연 참가자들에게 "개인의 의사에 반하여 누군가를 다른 사람들의 노예를 만드는 것이 합법적인가?"라는 의제에 의견을 개진하도록 요청했다. 토머스 클라크슨Thomas Clarkson은 상을 탈 만큼 라틴어에 매우 능숙했다. 그의 목표는 오로지 상금을 받을 논문을 한 편 쓰는 것뿐이었다. 하지만 그 과정에서 그는 확신했다.

"한 가지 생각이 내게 미쳤다. 논문의 내용이 사실이라면 누군가가 이런 재앙들에 마침표를 찍을 때가 되었다."

일단 매일 1초마다 인간의 생명이 파괴되고 있고 그 자신도 그것을 일어나게 하고 있다는 사실을 깨닫자 클라크슨은 이 공포스러운 관습을 폐기할 모든 노력을 감수하기로 인생의 항로를 바꾸었다. 그가 설명한 것처럼 "낮에는 불안했다. 밤에도 나는 한숨도 제대로 쉬질 못했다. 나는 비통함에 때로 눈꺼풀을 감질 못했다."

영국인 대중들은 이제 1인당 연간 설탕 18파운드를 소비하게 되었으면서도 그들의 음식을 달콤하게 하기 위해 노동하는 노예로 전락한 아프리카인들의 삶을 거의 알지 못했다. 더욱 심각한 것은 설탕을 수확할 노예를 붙잡기 위해 나무에 도끼질을 하거나 바느질로 돛을 만들거나 노예선을 위한 밧줄을 제작하거나 큰 통을 만드는 영국인들 모두가 노예무역을 통해 돈을 벌었다는 점이다. 영국인들은 아프리카인들이 재산으로 변했기 때문에 더욱 부자가 되었다. 수십 년 안에 노예제 폐지론자들로 불리게 될 클라크슨과 클라크슨의 행동을 신뢰하는 동조자들은 노예제와 영국인 간의 연계가 영국인들에게 한밑천을 안겨 주었던 반면, 그것은 또한 반노예제 운동에도 기회를 제공해 줄 것이라고 실감했다. 만약 그들이 그 흐름을 역전시킬 수 있다면, 이른바 노예제에서 이익을 얻는 이들에게 노예제의 공포스러운 참상을 생생하게 보여 줄 수 있다면, 그들은 그 혐오스러운 행위를 영원히 종결지을 수 있을 것이다.

노예 폐지론자들은 똑똑했다. 그들은 유사 이래 가장 효과적인 대중 선전 방식을 창안했다. 그들이 개발한 기술은 오늘날까지도 우리가 사

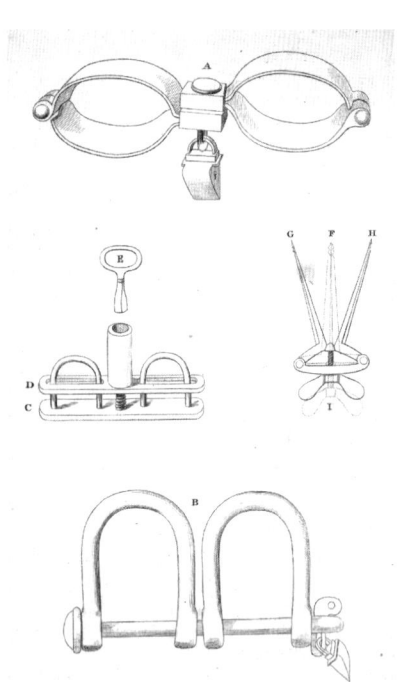

노예들을 처벌하고 고문하는 데 쓰인 도구들을 보여 주는 이 삽화는 올라우다 에퀴아노의 자서전에 수록되어 있다. 그는 노예주들조차도 잔혹한 노예무역으로 얼마나 고통을 겪는지 묘사했다. 그의 독자들은 책을 읽다가 자기도 모르게 책에서 고개를 돌릴 정도로 생생한 그림을 볼 수 있었다. (대영도서관 서가 번호 522. F.23. Vol.1)

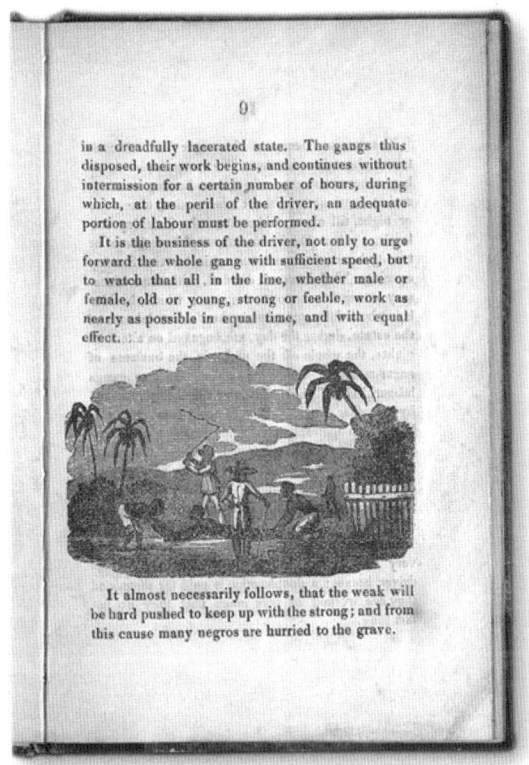

노예 폐지론자들은 대중들에게서 노예제 반대 의견을 이끌어 내기 위해 광고와 마케팅을 이용하는 데 뛰어났다. 아프리카인과 노예제 반대를 위한 페컴 여성 협회Peckham Ladies African and Anti-Slavery Association에서 발간한 팸플릿은 독자들에게 오로지 인도산 설탕만을 이용할 것을 촉구했다. (대영도서관 서가 번호 8155.1.21)

용하고 있다. 연설하는 동안 클라크슨은 채찍을 휘두르고 노예들에게 사용된 쇠고랑을 보여 주었다. 그는 노예선에서 행해진 잔혹 행위와 처벌들에 관해 노예선의 선원들과 의사들에게서 채록한 증언록을 출판했다. 올라우다 에퀴아노가 출판한 자서전은 노예무역의 공포에 관해 독자들에게 경종을 울렸다. 영국인들이 노예제의 실상이 무엇이었는지 이해하기 시작했을 때 클라크슨 등은 "피로 단맛을 낸 음료blood-sweetened beverage"라고 불리는 불매운동을 펼쳤다.

노예노동은 모든 사람들이 사고 싶어 하는 값싼 설탕을 생산하기 때문에 가치가

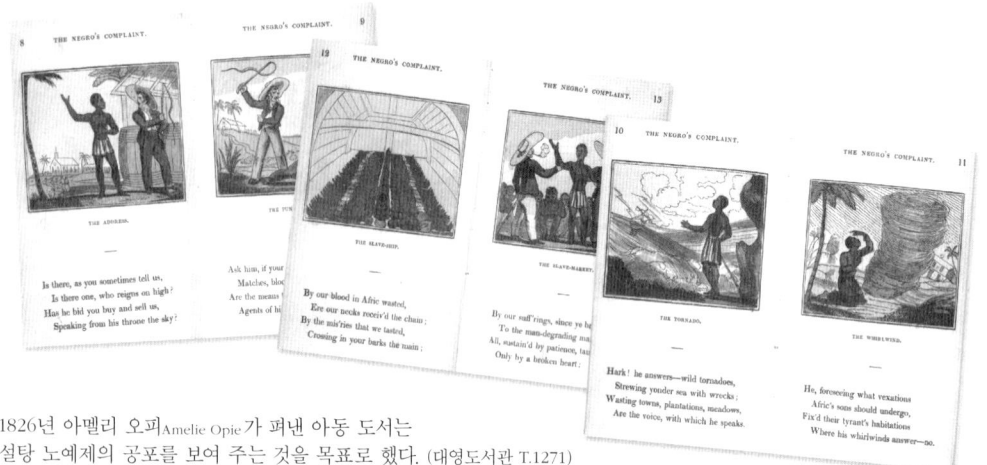

1826년 아멜리 오피Amelie Opie가 펴낸 아동 도서는
설탕 노예제의 공포를 보여 주는 것을 목표로 했다. (대영도서관 T.1271)

있었다. 하지만 만약 사람들이 그 설탕을 사지 않는다면 전체 노예 시스템은 붕괴될 것이다. 아메리카 혁명으로 나아가는 여러 해 동안 뉴잉글랜드의 여성들은 영국 상품과 영국 차 구매를 거부했다. 소득 손실로 인해 런던 정부는 아메리카에 부과한 세금 일부를 어쩔 수 없이 폐지해야 했다. 이제 이와 똑같은 전술, 곧 불매운동이 노예제에 대항하는 데 이용되었다. 40만여 명에 달하는 영국인들은 노예들이 재배하고 수확한 설탕을 더 이상 사지 않았다. 그 대신 그들은 "자유민들FREEMEN의 노동으로 생산되었다."는 딱지가 붙은 설탕, 즉 인도에서 들여온 설탕을 샀다.

영국인들이 자신들이 매일 사용하는 설탕을 바라볼 때 클라크슨과 여타 노예제 폐지론자들은 그것을 생산한 노예들의 피를 보도록 했다. 노예가 만든 설탕이 대단히 인기가 높았다는 사실은 영국인들이 노예제의 현실을 도외시하기 더 어렵게 만들었다. 오늘날 우리가 잘 아는, 저임금 노동으로 생산된 운동화와 티셔츠와 양탄자같이 설탕은 하나의 가교였다. 사람들이 상품을 원한다면 노예 폐지론자들은 그것이 어떻게 만들어지는지 생각해 보도록 사람들을 압박했다. 인류 문명만큼이나 오래된

제도로서 노예제는 받아들일 수 없는 것이 되어 가고 있었고 사람들이 더 이상 묵인할 수 없는 잔혹한 것이었다.

아메리카 식민지 개척자들은 영국인들이 자신들을 노예로 취급하고 있다고 느꼈을 때 전쟁에 돌입했다. 그러나 그들은 자신들이 가진 노예 문제는 미해결 상태로 남겨 두었다. 비로소 영국에 있던 몇 명이 노예의 실체를 발언하기 시작했다. 그러고 나서 혁명의 불길이 프랑스로 번졌다.

모든 사람은 평등하다 : 프랑스 사례

프랑스에는 의회 혹은 국회가 없었다. 아무도 투표를 통해 자신의 권리를 보호할 수 있다고 기대하지 않았다. 하지만 루이 16세^{재위 1774~1792}와 마리 앙투아네트 왕비^{1755~1793}의 치세에서도 그 신민들은 황실의 목소리를 들을 것을 강요받았다. 1789년 7월 파리 사람들은 바스티유 감옥을 폭풍 속으로 몰아넣었다. 이 감옥은 루이 16세가 미워하는 사람이면 누구나 감금될 수 있는 증오의 감옥이었다. 8월에, 새로 정의된 국민의회는 '인간과 시민의 권리 선언Declaration of the Rights of Man and the Citizen'을 발표했다. "인간은 태어난 순간부터 늘 자유로운 존재로 평등한 권리를 갖는다."는 성명이 전 세계에 공표되었다. 피에르 르메르의 명구, 제퍼슨의 언설, 클라크슨이 목표하며 투쟁했던 원칙이 여기에 다시 나타났고, 클라크슨은 정말로 새 정부를 지원하러 프랑스로 갔다. 그럼에도 불구하고 '인간과 시민의 권리 선언'은 또한 "재산권은 침해할 수 없는 신성한 권리"라고 했다. 그래서 노예들은 무엇이었는가? 평등한 인간이었는가 혹은 그들의 소유주에 소속된 상품이었는가?

인권 대 재산권. 그 논쟁은 예컨대 석탄 채굴을 어떻게 면밀하게 규제할 것인지를 두고 토론하는 것처럼 오늘날에도 지속되고 있다. 소유주들이 규칙을 만들게 내버려

버밍햄 여성 협회Female Society of Birmingham 모임에서 여성들은 바느질 모임을 갖고 아래에 보이는 것과 같이 노예 폐지론자의 이미지들을 장식한 가방들을 만들었다. 많은 노예 폐지론자 집단이 노예제를 종식시키기 위한 점진적 접근을 선호했던 반면, 버밍햄의 여성들은 모든 노예들은 즉시 해방되어야 한다는 엘리자베스 헤이릭 Elizabeth Heyrick 의 주장을 읽고 논의했다. (V&A Images/빅토리아-앨버트 박물관)

이 모델은 어떻게 반노예제 가방을 착용하고 표현할 수 있는지를 보여 준다. 그렇게 함으로써 자신의 차 안에 담긴 설탕의 피값을 생각하지 않는 모든 사람들을 부끄럽게 만들었다. (V&A Images/빅토리아-앨버트 박물관)

두고 우리 모두에게 더 값싼 석탄을 공급할 수 있도록 하는 것이 최선일까? 아니면 정부에서 표준을 정하도록 하여 노동자와 환경을 더 잘 보호하도록 하는 것이 최선일까? 프랑스에서는 한쪽에서는 노예들이 해방되어야 한다고 주장했다. 반대편 사람들은 설탕 섬들에 어떠한 변화를 주면 노예 폭동을 몰고 오고 프랑스의 경쟁자들을 도와주는 꼴이 되어 결국 국가를 파탄시킬 것이라고 말했다.

새로운 미국에서 독립 혁명이 재산을 가진 백인

들에게 자유의 관념을 심어 주었던 반면, 아프리카인들은 여전히 노예 상태에 놓여 있었다. 영국에서 노예 폐지론자들은 아프리카인들을 위해 목청을 높였지만 왕들과 영주들은 여전히 신민들을 통치했다. 프랑스에서 혁명가들은 귀족들에 대항했지만 자신들의 설탕 섬에 있는 아프리카 노예들에게 이것이 무엇을 의미했는지에 대해서는 여전히 확신을 갖지 못했다. 혁명의 시대는 재산권에 반하는 자유 관념을 압박하고 있었고 어느 누구도 이러한 거대한 충돌이 어디로 흘러갈지 확신하지 못했다.

혁명적 프랑스에서 노예 옹호자들이 재산권 옹호자들을 반박하는 논쟁에서 승리하기 시작했다. 1791년 가을 프랑스인들은 흑인들과 설탕 섬에 복잡한 배경을 둔 사람들을 해방하고 다른 모든 프랑스인들과 법적으로 평등하게 여기는 법을 통과시켰다. 그러나 이것은 영국의 클라크슨과 그의 동료들에게 반가운 소식은 아니었다. 프랑스에서 혁명가들이 인권법을 통과시켰을 때 그들은 영주들과 귀족들을 처형시키는 데 단두대를 사용하기 시작했기 때문이었다. 피가 파리의 거리에 흘러넘치기 시작하자 영국과 아메리카 대륙의 노예 소유주들 손에 완벽한 방어 논리가 쥐어졌다. 만일 당신들이 재산권을 침해하거나 노예를 해방시키거나 또한 정부의 어떠한 것이라도 변화시킨다면 그 결과는 곧 대혼란과 테러가 될 것이라는…….

1790년대까지 영국인 노예 폐지론자들은 대중성, 추진력, 희망을 상실해 가고 있었다. 결국 프랑스에서 대혼란으로 인해 영국 노예무역과 설탕 섬들은 더욱 많은 이윤을 냈다. 콜럼버스가 최초로 설탕 식물을 가져간 땅이자, 모든 설탕 섬들 중에서 가장 이윤을 많이 내면서 노예로 가득 찬 섬에서 새로운 목소리가 들리기 시작했다.

자유의 소리

1700년대까지 생 도밍그 Saint Domingue(현재의 아이티)는 설탕 생산에서 세계 중심지였다. 그래서 많은 설탕 플랜테이션들에서는 지휘관이라 불리는 노예들이 다른 노예를 관리하는 풍경을 종종 볼 수 있었다. 1791년 8월 14일 밤 생 도밍그에서 가장 부유한 설탕 플랜테이션에서 온 지휘관들이 악어 숲Alligator Woods이란 곳에 모여 엄숙하게 맹세했다. 그들은 백인 소유주에 대항해 봉기하기로 하고 "우리 모두의 심장에서 말하는 자유의 목소리에 귀를 기울이기"로 했다. 그 목소리는 설탕과 관련된 모든 것을 파괴하라고 했다. 설탕은 아프리카인들을 노예로 만들었으므로 이제 전 세계 거대 설탕 공장 역할을 하는 이 섬에서 설탕은 말끔히 일소되어야 한다.

8월 말에 이르자 프랑스 식민지는 화염에 휩싸였다. 그래서 많은 사탕수수 밭이 불타오르면서 공기 중은 "넓은 돛을 단 배처럼 일렁이는 사탕수숫대의 불줄기로" 가득 찼다. 방아 기계를 때려 부수고 창고들을 파괴하고 밭에 불을 지르면서 자유의 전사들은 플랜테이션 1천여 곳을 파괴했다. 그것은 혁명이 일어난 지 첫 두 달의 모습이었다. 설탕과 쇠사슬에 맞서 일어난 투쟁에 곧 투생Toussant이란 지도자가 나타났다. 그는 자신을 "개방"이란 뜻의 "루베르튀르L'Ouverture"라고 불렀다. 투생은 사람들이 자유로워질 수 있는 공간, 곧 광장을 만들었다.

생 도밍그에서 노예들은 단순히 섬의 공포스러운 상황에 맞서 싸우고 있었던 것은 아니었다. 그들은 자신들의 노예주들과 닮은 사람들인 유럽인들과 아메리카인들로부터 배운 원칙을 위해서도 싸우고 있었다. 1789년 시작된 프랑스혁명의 배경이 된 3대 원칙은 "자유, 평등, 박애"(곧 형제애)로 이루어졌다. 프랑스에서 생 도밍그로 배들이 도착했을 때 노예들은 인권이란 이름으로 하나의 혁명이 진행되고 있다는 사실을 알게 되었다. 그들은 이미 집에서 더 가까운 곳에서 일어난 혁명 때문에 위대한 변화를 맛보았다. 1779년 생 도밍그 출신 자유 흑인으로 구성된 1개 연대가 아메리카로 가 독립 전쟁에 참전했다. 그들은 "모든 사람은 평등하게 창조되었다."는 이념을 품고 고향으로 돌아왔다.

악어 숲 회담 이후 2년이 지난 1793년 8월 29일 생 도밍그의 선도적 프랑스 관리는 투생과 그의 군대에 반대할 이유가 없다는 사실을 깨달았다. 노예들은 스스로를 해방시켰다. 이듬해 2월 파리 정부는 이를 승인했다. 파리 혁명가들에 의해 선포된 형제애의 이상은 마침내 생 도밍그 설탕 노동자들을 포함시켰다.

그들의 승리와 함께 생 도밍그인들은 자유와 재산 사이의 대립은 종식되었다고 선언했다. "모든 인간은 평등하다."는 것은 어떠한 사람도 재산이 아니라는 것을 의미했다. 이 사상은 영국인들을 공포의 도가니로 빠뜨렸다. 그들의 설탕 섬인 자메이카가 생 도밍그에서 물길로 100여 마일 떨어져 있었기 때문만은 아니었다. 실제로 자메이카의 노예들은 일하는 동안 새로운 노래를 부르기 시작했다.

하나, 둘, 셋
모두 다 똑같아.
흑인, 백인, 황인
모두 다 똑같아.
모두 다 똑같아.
하나, 둘, 셋
모두 다 똑같아.

그 노래는 하나의 노예 폭동이 임박했음을 말하는 그 이상의 것이었다. 그것은 모든 서열화 된 계급을 향한 하나의 도전이었다. 자메이카는 이미 많은 노예 폭동을 목격해 왔고 존 린지John Lindsay 신부는 북아메리카의 자유와 해방에 관한 대화가 노예들을 일깨웠다고 확신했다.

"우리가 마주한 식탁에서 (모든 사람은 그들 뒤에 하인이 기다리고 서 있었다.) 내가 표현에 너무 부주의한 것은 아니었는지 우려된다. 특히 아메리카의 반란을 주제로 한 대화가 고결한 영웅담으로 변질돼 버렸던 것은 아니었을까."

이 그림은 1801년 7월 7일 투생이 히스파니올라 섬 전체를 장악하고 헌법을 받아 들던 순간을 기념하고 있다.

하지만 노예들은 평등의 사상에 대해 배우기 위해 그들 주인들의 말을 엿들을 필요는 없었다. 여러 섬들을 항해하는 선박들에서 일하는 흑인 선원들이 그 이야기를 실어 날랐다. 그래서 만약 이 자유의 정신이 손아귀에서 벗어나면 그것은 정말로 위험해질 수 있었다. 결국 영국에서는 겨우 인구의 3퍼센트만이 투표권이 있었다. 이 확산적인 자유사상이 퍼지면 영국의 왕들과 공작들, 백작들, 기사들이 어떻게 안전하겠는가? 1793년 가을을 시작으로 영국 군대는 생 도밍그에 도착하기 시작하여 사람들을 재노예화하고 그들의 설탕 플랜테이션으로 돌려보냈다. 영국 국방부 장관 헨리 던다스Henry Dundas가 그것을 수행하는 동안 그들의 목표는 영국 식민지들에서 "자유와 평화라는 무모하고 파괴적인 정치 신조가 유통되는 것을 막는 것"이었다.

자유와 평등사상은 얼마나 멀리까지 확산될 수 있을까? 무엇이 그 사상들에 맞설 수 있을까? 왕이 왕관을 계속 쥐고 있을 수 있을까? 노예주는 자신의 노예들을 유지할 수 있을까? 영국인들은 이 질문들을 잠재우기 위해 침략했고 쉽게 승리할 것이라고 확신했다. 어쨌든 그들의 군대와 해군은 세계 최고였고 그들은 과거 노예에 불과했던 자들에 맞서 싸우고 있었다.

그러나 사실 아이티인들은 훈련받은 명민한 전사들이었다. 그들이 전투에서 아주 뛰어났던 한 가지 이유는 엄밀히 말해 노예무역이 성행하고 있었기 때문이었다. 아이티 군인들 대부분은 최근 도착한 아프리카인들로 고국에서 전사들이었다. 그들은 군사 전술 훈련을 받았고 영국인들에 대항하여 그것을 잘 이용했다. 영국인들은 또한 열대 질병인 말라리아와 황열병에 대대적인 타격을 입고 수천 명이 목숨을 잃었다. 하지만 아이티인들은 마침내 그들이 지른 불 때문에 승리했다. 투생은 영국인 최후의 요새로 진격하면서 "우리는 지구상에서 가장 값진 소유물이자 사라지지 않을 자유를 위해 싸우고 있다."고 말했다. 에이브러햄 링컨은 약 65년 후에 게티즈버그 연설에서 투생과 거의 완전히 똑같은 단어들을 사용했다. 1798년 10월 영국인들은 포기했다. 그러나 그것은 투생이 승리했다는 것을 의미하지 않았다. 그는 여전히 훨씬 더

자메이카 트렐로니 마을Trelawney Town은 아이티 폭동이 노예 소유주들을 얼마만큼 공포에 떨게 했는지를 보여 준다. 이 마을은 영국인들이 패배시킬 수 없었던 마룬들에 의해서 운영되었다. 1730년 영국인들은 마룬 지도자들과 평화조약에 서명했다. 하지만 60년 후 과거의 노예들이 아이티 근처에서 자유를 위해 투쟁했을 때 영국인들은 약속을 철회하고 가능한 많은 마룬들을 체포하여 캐나다로 보냈다. 영국인들에게서 벗어난 마룬들의 후손들은 오늘날까지 자메이카에서 거주하고 있다. (영국 국립 해양박물관 REPRO ID E9983)

강력한 두 적과 마주했다. 첫째는 아이티인들에게 영감을 불어넣고 자유를 부여해 주었던 바로 그 나라 프랑스였고, 둘째는 두려움이었다.

다시 프랑스로 되돌아가 보면 노예제를 폐지한 정부는 한창 그것을 파괴하는 중이었다. 프랑스혁명의 커다란 모순은 혁명가들이 빈민과 노예의 권익을 증진하는 법안을 그 어느 때보다 많이 통과시켰음에도 불구하고 그 똑같은 지도자들이 그들의 적들을 살해하는 데 점차 열광해 가고 있었다는 점이다. 이는 오늘날까지 독재자가 사람들을 도와주는 반면, 자신의 반대자를 감옥으로 보내고 국민들을 강탈하는 많은 정권들에서 나타나는 현상과 마찬가지 일이다. 위대한 사상들은 잔혹한 만행을 뒤덮어 가리기 마련이다.

1799년 프랑스에서 가장 뛰어난 장군이었던 나폴레옹 보나파르트[1769~1821]는 혁명적 대학살을 종식시켰다. 그는 권력을 장악하고 새로운 규칙들을 만들었다. 나폴레옹은 설탕이 국가에 얼마나 중요한지를 재빨리 인정했다. 먼저 그는 노예를 해방시킨 법을 파기했다. 그러고 나서 그는 영국과 경쟁할 프랑스를 설탕과 노예의 제국으로 만드는 데 착수했다. 그는 미시시피 강을 따라 뉴올리언스 북쪽으로부터 북아메리카 중부 지역에 대한 통제권을 프랑스에 이양하도록 스페인과 거래를 성사시켰다. 그 후 그는 영국과 평화협정을 조인하고 생 도밍그의 반란자들을 뭉개 버리기 위해 군대를 파견했다. 일단 그 설탕 섬에 대한 통제권을 다시 확보하자 그는 루이지애나 영토를 활용하여 카리브 해 연안의 모든 설탕 플랜테이션에 식량을 공급하고 그 대가로 하얀 금을 얻었다.

자유와 재산 사이의 위대한 시소게임은 계속 흔들리고 있었다. 미국은 영국과 갈라섰지만 여전히 노예제를 유지했다. 프랑스는 노예들을 해방시켰지만 동시에 폭력으로 혁명을 삼켜 버렸다. 영국은 노예제 종식을 이야기하기 시작했지만 마침 그때 프랑스의 대혼란을 목격하고 군대를 파견하여 아이티인들을 무찌르고자 했다. 이제 나폴레옹의 프랑스는 영국의 전철을 따랐다.

나폴레옹의 3만 5천 명 군대는 그의 처남(곧 샤를 르클레르 Charles Leclerc)이 지휘했고 곧 놀라운 성공을 거두었다. 그들은 1802년 투생을 생포하고 그를 프랑스로 데려갔다. 투생은 1803년 프랑스 감옥에서 사망했다. 하지만 옛 노예들은 투쟁을 계속했다. 2년의 전투 끝에 거의 프랑스군 5만 명이 죽었다. 그리고 1804년 1월 1일 승리한 아이티 공화국이 탄생했다. 자유를 향한 전투에서 과거의 노예들은 처음에는 영국군을, 그

다음에는 프랑스군을 패배시켰다. 이들 나라는 유럽에서 가장 강력한 국가였다.

아이티는 자유 속에 태어났다. 인권이 재산권에 승리했다. 하지만 아이티의 자유민들은 여전히 두려움이라는 가장 치명적인 최후의 적과 마주하고 있었다.

미국 혁명의 지도자들은 아이티에서 과거의 노예들이 자유를 위해 투쟁하는 것을 면밀히 주시하고 있었다. 그런데 그 싸움은 새로운 미국에서 노예제를 어떻게 처리할지 대립하고 있던 미국 건국의 아버지들The Founding Fathers을 갈라놓았다. 대통령이 된 후 존 애덤스는 투생에게 총과 군수품을 보내 프랑스와의 투쟁을 지원했다. 그렇지만 토머스 제퍼슨은 아이티 혁명의 성공에 공포를 떨치지 못했다.

토머스 제퍼슨이 애덤스를 잇게 되자 그는 아이티를 하나의 위협으로만 여겼다. 그는 아이티의 옛 노예들이 섬에서 나와 미국으로 건너와 미국 노예들에게 자유와 폭동을 전도할 것이라고 예상했다. 그는 "뭔가 조치를 취하지 않으면, 그것도 당장 행동하지 않으면 우리는 우리 아이들의 살인자로 전락할 것이다. 현재 지구를 휩쓸고 있는 혁명적 폭풍이 우리를 덮칠 것이다."라고 경고했다. 그래서 그는 미국의 유일한 자매 공화국인 아이티를 인정하기를 거부했다. 실제로 1863년이 되어서야 에이브러햄 링컨이 노예해방을 선언하고 마침내 아이티와 외교 관계를 수립했다.

제퍼슨과 같은 미국인들은 자신들이 자유를 위해 싸운 점을 자랑스러워했다. 그러나 여전히 아프리카인들을 재산으로 바라보는 한 그들은 아이티인들을 똑같이 용감하고 용맹한 인간으로 여길 수 없었다. 아이티인들이 자유를 주장하고 아메리카가 이를 승인한다면 미합중국 안에 있는 노예들이 똑같은 일을 왜 할 수 없겠는가?

거대한 유럽 열강들도 똑같이 노예들 스스로 자신들을 해방시킨 땅을 인정하기를 꺼렸다. 아메리카 대륙이나 유럽에 있는 다른 나라들이 아이티를 동반자로 여겨 무역과 외교 관계를 맺지 않고는 세계에서 고립된 아이티는 휘청거릴 수밖에 없었다. 부분적으로 그것은 이방인들이 아무런 역할을 하지 못했던 아이티 내 내적 갈등 때문이기도 했다. 그러나 아이티는 그 탄생의 진통으로부터 진정으로 회복되지 못했다.

투생은 1802년 프랑스인에 의해 체포되어 프랑스에서 사망했다. 하지만 후에 아이티를 건설한 과거의 노예들은 프랑스군을 격퇴했다. 그 30년 후에 제작된 이 그림은 그 전쟁의 한 장면을 묘사하고 있다. 1804년 아이티는 아메리카 대륙에서 두 번째로 독립한 나라가 되었다. (남플로리다 역사 박물관)

아이티는 노예 소유주들을 두려워했고 그러한 관점을 바꾸지 못했다.

1804년 아이티 노예들은 자유를 얻었다. 그러나 오랜 설탕의 땅들에서 사탕수수는 여전히 자라고 있었고 노예들은 여전히 그것을 수확하느라 자신들의 목숨을 내놓고 있었다. 영국으로 돌아간 후 클라크슨과 그의 동료들은 기회를 찾았다. 프랑스는 더 이상 혁명의 과정 속에 있지 않았고 설탕을 향한 나폴레옹의 꿈은 실패했다. 영국은 이제 변명할 것이 없었다. 노예 폐지론자들은 국민들에게 "영국은 기독교 신앙 위에 건립된 국가인가 아니면 사람들을 재산으로 여기는 믿음 위에 건설되었는가?"라는 질문을 마주할 것을 압박하곤 했다.

1806년 반노예제 집단은 노예무역에 영국의 개입을 제한하는 새로운 법안을 의회에 제출했다. 이 법안에 찬성하는 가장 강력한 증언 몇 가지가 카리브 해 지역에 있으면서 노예들의 용기와 노예제의 참혹상을 목격한 전임 군 장교들에게서 나왔다. 자신들과 싸우러 왔었던 바로 그 사람들의 입을 통해서 노예들은 실상을 증언한 셈이었다. 한 의회 의원은 동료 의원들에게 여러 섬에서 자신이 목격한 고문 사례를 보고했다. 노예제는 추상적 개념도, 경제적 동력도, 세계 정치 게임의 대항마도 아니었다. 그것은 남성과 여성의 고통이었다. 클라크슨이 쇠고랑과 채찍들을 보여 주었을 때 그의 강연에 참석한 청중들처럼 의원들은 노예제의 현실에 직면하고 있었다.

의회에서 새로운 법안을 두고 쟁론을 벌이고 있는 동안 클라크슨과 그의 동맹자들은 영국 전역을 돌며 강연과 담화와 인식 전환을 위한 활동을 지속했다. 그들은 성공했다. 심지어 노예선으로 가득 찬 항구도시인 영국 브리스틀에서조차 "인체 거래를 지속하는 행위에 반대하는 대중적 정서가 아주 강하게 표출되었다."고 신문들은 보도했다.

노예 폐지론의 또 다른 지도자였던 윌리엄 윌버포스 William Wilberforce 는 조국에서 펼쳐지는 새로운 분위기를 감지했다. 그는 "신께서는 사람들의 마음을 돌릴 수 있다."며 경탄했다. 의회의 많은 성원들도 "국민 정서"에서 똑같은 변화를 인지했다. 1807년 모든 영국인이 노예무역에 관여하는 것을 금지하는 법안이 하원과 상원을 잇달아 통과했다. 3월 25일 정확히 정오 12시에 국왕 조지 3세 재위 1760~1820 는 법령에 서명했다. 우리는 오늘날까지 그날을 기억하고 기려야 할 것이다. 법안으로 인해 어떠한 노예도 해방되지는 않았지만 그것은 세계의 대변화를 예고했기 때문이다. 영국인들이 다른 어떤 나라보다 더 많이 아프리카 노예를 실어 날랐었다. 설탕과 노예제의 무자비한 역사의 일부가 끝났다. 정말로 바로 같은 해 미국 의회는 미국인이 노예 수입에 관여하는 것을 금지하는 법안을 통과시켰다. 한 사람의 인간, 아니 어떠한 인간이든 소유물이 될 수 있는가를 둘러싼 위대한 경연에서 변화의 물결이 일었다. 하지만 노예제와 설탕과 자유가 뒤엉킨 이야기는 특히 미국에서, 다시 한 번 극히 어두운 반전을 맞이했다.

설탕 구매와 죽음의 주

1930년대 통신원들은 역사의 목소리를 담기 위해 미국 남부 전역으로 흩어졌다. 노예로 태어난 일부 아프리카계 미국인들이 여전히 생존해 있었고 60년 전에 그들이 어떻게 살았는지 이야기를 들려줄 수 있었다. 그 시절을 살았던 이들의 이야기를 통해 우리는 마침내 설탕 노예제에 관해 생생한 목소리를 들을 수 있게 되었다.

엘런 베츠Ellen Betts는 루이지애나 설탕 농장에서 노예로 자랐다. 그녀는 그들이 "사탕수수 밭이 지구의 한쪽 끝에서 반대편 끝까지 뻗은 것처럼 매시간을 들락거리며" 일하고 또 일했다고 회상했다. 세실 조지Ceceil George는 "힘겨운 시절, 곧 노예의 시대였지."라고 기억했다. "젊은이든 늙은이든 모든 사람들이 일했지. 사탕수숫대를 두세 자루라도 옮길 수 있으면 일하는 거야. 일요일, 월요일 뭐 다 똑같았지. 주일 없는 이교도의 땅 같았다고나 할까." 그녀는 다른 주州들에서는 노예들도 신께 예배를 드릴 수 있도록 일요일에는 쉬었다는 말을 하고 싶었던 것이다. 루이지애나는 그렇지 못했다.

이 동전은 노예 폐지론자들이 1807년 영국의 노예무역을 종식시킨 최초의 업적을 기념한다. 동전은 실제로는 1830년대까지 주조되지 않았다가 그 후 아프리카 식민지 시에라리온에서 해방 노예를 위해 제작, 사용되었다. 영국에서는 노예 폐지론자들도 자유를 애걸하며 무릎을 꿇은 겸허한 노예들을 그렸던 반면, 아프리카에서 유통하려고 제작된 이 동전에서 영국인들과 아프리카인들은 거의 동등하게 그려져 있다. (영국 국립 해양박물관)

그곳에서는 설탕이 신이었고 노동이 유일한 종교였다.

아이티인들이 프랑스군을 무찔렀을 때 나폴레옹은 세계에서 가장 생산량이 높은 섬들과 함께 막대한 설탕 수익을 얻겠다는 꿈도 잃었다. 결과적으로 나폴레옹은 스페인에서 갓 획득한 북아메리카 땅에서 아무것도 하지 못했다. 그렇지만 나폴레옹은 전쟁을 수행하기 위한 돈이 필요했다. 그것이 방대한 루이지애나 땅을 그가 단돈 1500만 달러라는 헐값에 제퍼슨에게 판매한 이유였다. 여러 교과서들에서 "미국의 루이지애나 매입Louisiana Purchase"이라고 부르고 있는 것은 사실 "설탕 매입Sugar Purchase"이라고 명명되어야 한다. 아이티인들이 그들의 자유를 달성했기 때문에 미국인들은 자신들의 국가의 중앙부를 구성할 땅을 프랑스로부터 획득했다. 하지만 역설적이게도 그것은 아이티 노예 소유주들에게 새로운 집을 제공했다.

설탕 농장주들이 아이티 혁명으로부터 도주할 때 일부는 쿠바의 오리엔테Oriente 지방으로 이주했고 또 다른 일부는 북아메리카, 곧 루이지애나로 이주했다. 아이티의 플랜테이션 소유주들과 감독관들이 뉴올리언스에 도착할 때만 해도 노예 폐지론자들은 아프리카 노예무역을 종식시키기 위해 압력을 행사하고 있었다. 노예제 종식을 위한 이 운동은 루이지애나 상황을 전혀 개선시키지 못했다는 점에서 비극이었다. 사실 노예들이 라우지(형편없는) 애나Lousy Anna라고 부른 이 주는 미국 아프리카인들에게 최악의 장소였다. 그것은 또 다른 카리브 해의 반복, 곧 사형장이었다.

노예무역이 폐지된 후에도 모든 미국 노예 주에서 노예 인구는 꾸준히 증가했다. 그것은 충분히 많은 노예 어린이가 태어나고 자라 성인이 되었기 때문이었다. 이 규칙에 예외가 되었던 지역이 딱 한 곳 있었다. 바로 루이지애나였다. 루이지애나 현지에서 태어난 노예 인구가 계속 감소했다. 설탕은 살인귀나 진배없었다.

카리브 해 지역과 달리 루이지애나는 갑작스럽게 추위가 찾아온다. 그것은 설탕 생산에 또 하나의 부담이 되었다. 노예들은 방아 찧는 기계들에 딱 맞춰 사탕수수를 수확해야 했을 뿐만 아니라 10월 중순부터 12월 사이에 모든 작물을 베어야 했다.

이 작업 속도는 경작자들이 증기기관으로 움직이는 개선된 방아 기계를 설치했을 때 비로소 증가되었다. 사람들은 추위가 찾아오기 전에 더 빠른 속도로 일해야 했고 기계들의 속도에 보조를 맞춰야 했다.

 우리는 과거 노예들이 남긴 말들에서 이 혹독한 삶의 단편을 엿볼 수 있다. 에프라임 놀턴Ephraim Knowlton은 1857년 어느 루이지애나 한 농장의 관리인직을 수락하고 모든 사람들을 일터에 배치했다. 가장 어린 아이들은 "젖먹이 부대suckling gang"로 조직되어 사탕수수 밭에서 잡초를 뽑았다. 열한 살에서 열다섯 살 먹은 그들의 형과 누

루이지애나 설탕 수확 장면을 묘사한 1875년의 이 판화는 농장 근처 공장을 보여 준다. 설탕이 루이지애나에 뒤늦게 도래했기 때문에 그것은 증기기관의 속도에 맞춰 끝을 모르는 사탕수수 노동과 결합했다. (미국 의회도서관)

나들은 수수밭에서 일하는 사람들에게 물을 날랐다. 사탕수수 일을 더 이상 할 수 없는 소수, 나이 많은 노예들도 불구든 부상자든 상관없이 연장을 고치거나 새로이 부상당한 이들을 간호해야 했다.

노예들이 30대쯤에 사망할 것이라는 사실을 알았기에 루이지애나 설탕 농장주들은 노예 선별에 매우 까다로웠다. 그들은 10대 후반의 건강해 보이는 젊은이들만을 구매했다. 평균적으로 루이지애나에서 구매된 남자들은 다른 노예 농장들에서 구매된 사람들보다 1인치가 더 컸다. 10명 가운데 7, 8명인 10대 청소년들은 미국 설탕 지옥으로 보내졌다. 다른 노예들은 열다섯 살에서 열여섯 살 먹은 어린 10대 소녀들이었다. 남은 짧은 생애 동안 소녀들의 일은 아이들을 갖는 것이었다. 엘리자베스 로스 하이트Elizabeth Ross Hite는 "모든 주인들은 여성들이 그들을 위해 아이들을 갖기를 분명히 원했다."는 사실을 알고 있었다. 노예 어린이들은 일터로 보내지거나 팔릴 것이다. 감독관 래비S. B. Raby는 "지난 일요일 레이철이 '잘생긴 아들놈'을 보았지. 우리 깜둥이들의 수확물(새로 태어난 아기를 지칭-옮긴이 주)은 내 생각에 수수 수확에서 부족한 건 뭐든지 메우게 될 거야."라고 설명했다. 곧 설탕으로 벌어들이는 것보다 더 많은 돈이 필요할 때면 주인은 겨우겨우 살아가는 노예를 누가 되었든 팔 수 있었다.

재즈는 루이지애나에서 생겨났다. 10대로 구성된 인구 집단, 그것도 대부분 남자들인 이들이 속내를 말하고 주인에 맞서며 자신들이 세상에서 누구인지를 널리 알리는 방식의 하나로서 자신들만의 음악을 발전시키는 영감을 어떻게 얻었던 것일까? 주인들이 노예들을 설탕을 생산하기 위해 만든 기계 안의 톱니바퀴라고 각인시켰을 때 푸에르토리코의 봄바, 브라질의 마쿨렐레, 루이지애나의 재즈는 모두 사람들에게 삶을 살아가고 인간으로서 존재하고 다양한 사고와 꿈과 열정을 품을 기회를 주었다. 설탕 노동자들은 다른 방식으로도 의사를 표현했다. 찰스 데슬로드Charles Deslondes는 생 도밍그에서 온 유색의 자유민으로 미국 역사에서 때로 최대 노예 폭동으로 불리는 것을 주도했다. 그는 노예들을 규합하고 한 농장을 습격한 후 뉴올리언스로 방향을 돌렸다. 흑인과 백인으로 구성된 부대를 만나 백인 2명과 함께 노예 66명가량이 죽었다. 반란은 실패했다. 그러나 그것은 루이지애나와 아이티의 강한 유대를 보여주는 하나의 신호다. 흑인들은 자유를 위한 그들의 싸움을 기억했다.

뉴욕과 같이 추정상 노예가 없는 주들조차도 노예가 재배하는 설탕을 운송하고 판매하면서 막대한 부를 벌어들였지만 미국에서 설탕 이야기는 루이지애나가 중심에 놓여 있었다. 남북전쟁1861~1865 기간 동안 국가가 양분되었을 때 북부인들은 미시시피강을 따라 펼쳐진 플랜테이션들에서 사탕수수를 더 이상 얻을 수 없었다. 그래서 그들은 대양 건너에 있는 낙원 하와이로 가야 했다.

낙원 속 설탕: "나는 꿈을 찾아서 왔다네."

하와이는 사탕수수의 두 흐름이 교차하는 곳이다. 1100년 무렵부터 하와이의 최초 정착민들은 태평양을 건너 오랜 여행 끝에 사탕수수를 이곳으로 들여왔다. 그래서 1800년대 유럽인들이 섬들을 탐험하기 시작했을 때 그들은 해안에서부터 여러 언덕에 이르기까지 짙푸른 사탕수수 줄기가 빼곡히 자라고 있는 것을 목격했다. 앞서 살펴본 것처럼 사탕수수의 서행은 뉴기니에서 시작하여 인도로, 그다음에는 페르시아, 중동, 지중해 연안 지역, 아조레스제도로 이어졌고, 이후 콜럼버스를 거쳐 사탕수수는 신세계로 들어갔다. 19세기까지 사탕수수 경작자들이 하와이의 눈부시게 기름진 섬들로 눈길을 돌렸을 때 그들은 설탕 농장을 운영하는 방법에 대한 지식을 가져갔다. 플랜테이션과 방아 기계와 정제 기술 등 모든 것을 아는 경작자들은, 콜럼버스가 도착했을 때 히스파니올라 섬만큼이나 아름다운 섬들에서 자신들을 기다리는 설탕을 발견했다.

하지만 허리가 끊어질 듯한 설탕 노동을 그들은 누구에게 시킬 수 있었을까? 미국은 한창 내전 중에 있었다. 아프리카 노예들은 선택 대상이 아니었다. 그래서 그들은 동쪽, 곧 중국으로 고개를 돌렸다.

하와이에서 농장주들은 사탕수수 노동을 시키기 위해 중국에서 처음에는 오로지 남자들만을 데려왔다. 1850년대 중국 노동자들은 변변한 돈을 지급받지 못했지만 노예는 아니었다. 중국인이 점점 많이 이주해 옴에 따라 그들은 더 나은 임금과 조건을 요구하기 시작했다. 1880년대 그러한 위험한 생각을 중단시키기 위해 경작자들은 일본 남자들에게 눈을 돌렸다. 일본인들의 요구가 늘어나게 될 즈음 미국은 1898년 스페인-미국 전쟁에서 승리하고 필리핀을 손아귀에 넣게 되었다. 이제 필리핀 남자들이 설탕 농장으로 수입되어 중국인, 일본인과 경쟁했다. 한국인들과 포르투갈인들도 또한 그러했다. 설탕 노동자들을 모집하는 광고들이 스페인에 나붙기도 했다. 심지어 미국 본토에서 아프리카계 미국인들이 건너오기도 했다.

다시 한 번 음악과 노래가 설탕 노동자들의 영혼을 달래고 그들의 주인은 이해할 수 없는 방식으로 서로 이야기하는 데 도움을 주었다. 일본인들은 돈을 조금 모으면 편지를 써서 사진과 함께 고향으로 보냈다. 그 사진은 실제 자기 사진일 수도 있었고 또는 더 젊거나 잘생긴 사람의 것일 수도 있었다. 그렇게 하여 "사진 신부", 곧 섬들로 사진을 보내는 여인과 짝을 맺을 수 있었다. 아주 느리게 일본 여자들은 설탕 농장의 남자들에게 합류했다.

그 농장에서 일본 여자들은 "홀레홀레 부시holehole bushi"를 불렀다. "홀레홀레"는 "잎을 벗긴다"는 하와이 말이고 "부시節"는 "노래"를 뜻하는 일본어(선율 또는 가락을 뜻하는 "후시"의 이형-옮긴이 주)다. 이들 노래에 쓰인 표현은 하와이 섬들에서 영위되는 삶의 혼합이자 그 징표였다. 일부 노래들은 익살스러웠고 어떤 것은 성적性的이었다. 아래의 노래처럼 어떤 노래는 토머스 시슬우드와 설탕 지옥의 끔찍한 나날들을 상기시킨다.

지진도 천둥도
나를 겁주지 못한다네.
하지만 감독관이 내뱉는 한마디는
날 전율케 하지.

하와이의 설탕 노동자들은 노예는 아니었다. 그들은 하와이에 오는 것을 스스로 선택했다. 그러나 그들은 여전히 고단한 삶을 살았다.

하와이, 하와이여
난 꿈을 찾아 왔다네.
하지만 이제 내 눈물이 흐르네,
수수밭에는.

아프리카인들이 설탕 일을 하러 왔을 때 그들은 새로운 가정을 꾸리고 새로운 언어를 익혀야 했다. 그들은 고향 땅에서의 추억을 새로운 삶과 혼합하는 방식으로 방법을 찾아야 했다. "홀레홀레 부시"는 항상 용기와 위로를 찾았던 설탕 노동자들의 방식을 살짝 보여 준다.

남편은 수수를 베고
난 밭에서 수숫대를 끈다네.
우리 함께 둘이서
우리 지나가세.

하와이의 설탕 경작자들은 노예를 이용할 수 없었기 때문에 다른 민족 집단에 차례로 눈길을 돌렸고 새로운 노동자들을 이전 노동자들과 경쟁하게 함으로써 임금을 낮추려고 했다. 그런데 민족 간 분리를 꾀하려는 이 계획은 가장 기이한 결과를 낳았다. 그것은 하와이를 세계에서 민족적으로 가장 다양한 지역으로 변모시켰다. 그래서 1959년 하와이가 마침내 하나의 주가 되었을 때 그것은 미국 역사의 아주 많은 부분을 차지한 설탕 지역으로서 미국보다 더 다양한 문화를 가진 땅처럼 되었다.

하와이의 설탕은 동서를 연결하는 다리 역할을 한다. 그것은 마침내 마크가 이스라엘에서 알게 된 이야기와 마리나가 가이아나에서 발견한 이야기로 우리를 다시 인도한다. 우리가 최종적으로 완전히 설탕 노동자 이야기를 보고 듣고 있는 순간, 그리고 인간의 자유와 소유물로서 인간 사이의 충돌이 최정점을 치달은 역사의 순간에 우리는 바로 우리 자신의 이야기로 돌아간다.

하와이의 설탕 노동은 카리브 해 연안에서 일어난 것과 똑같은 장면-말을 타고 있는 감독관, 사탕수수를 수확하는 여러 무리의 노동자들-을 연출했다. 하지만 이제 노동자들은 남성이건 여성이건 거의 대부분 아시아인들이었다. (하와이 호놀룰루 주교 박물관Bishop Museum)

제4부
우리의 이야기로 돌아와서:
새로운 노동자들, 새로운 설탕

새로운 시스템

1870년대 영국령 인도.

시장이 이제 막 문을 열려고 한다고 가정하자. 여러분은 채소를 팔거나 하루 동안 일할 일자리를 구하거나 어쩌면 그냥 시장을 구경하려고 거기에 서 있다.

한 낯선 사람이 다가와 속삭인다. "더 좋은 임금을 받고 싶나요? 저쪽 강 위에 좋은 일자리가 있어요." 혹은 그는 로티 빵roti과 까치콩lentils을 좀 쥐여 주면서 새로운 삶과 가난한 부모님에게 보낼 수 있는 충분히 괜찮은 돈을 약속하고 여러분을 사 갈지도 모른다. 어쩌면 그 옆에는 여러분이 얼마나 빨리 부자가 될지 바람을 잡는 또 다른 사람이 있다. 그는 미끼지만 여러분은 그가 떡밥인지 도통 알 수 없다.

그래서 여러분은 이에 동의하고 낯선 사람과 함께 뜨겁고 먼지 덮인 길을 따라 걷는다. 그는 그 와중에도 똑같은 이야기를 들려주며 또 다른 일꾼을 모집한다. 여러분이 난처해하거나 의심의 눈초리를 보내면 달콤한 혀를 가진 낯선 사람은 영리하게 반응한다.

"좋소. 하지만 내가 지난 며칠 동안 당신을 먹여 줬으니 나한테 그걸 갚으시오. 물론 당신은 돈이 없겠지. 그러니 이 새로운 일을 받아들이시오."

때로 그는 여러분이 어디로 향하는지―"담라Damra"(곧 데메라라Demerara)로 간다는― 암시를 준다. 데메라라는 가이아나에 있는 강이다. 하지만 그 말은 또한 막연히 어떤 지역, 특히 식민지를 지칭하는 데에도 사용되었다. 그래서 낯선 사람이 무슨 말을 하더라도 어디로 가고 있는지 또 여러분에게 무슨 일이 벌어질지 여러분은 도통 모른다. 사실 이민자들 사이에서는 "타푸Tapu로 갔다"는 말이 쓰였는데, 타푸는 특정 지명이 아니었다. 그것은 "사라졌다" 혹은 "자취를 감추었다"와 같은 것을 의미했으며 약간은 해악이나 위험의 뜻을 내포했다.

이것은 설탕 밭에서 일할 사람들을 고용하기 위한 새로운 방식으로서 고용 계약 indenture이라 불렸다. 그것은 설탕 섬에서 수백만 마일 떨어진 인도에서 벌어지는 일이었다. 이 방식의 씨앗은 1823년 영국령 기아나Guiana(현재는 가이아나) 설탕 식민지에서 뿌려졌다. 이곳에서 장래 영국 수상이 된 윌리엄 글래드스턴William Gladstone의 부친 존 글래드스턴John Gladstone은 노예 천 명을 소유했다. 최근 이 지역으로 온 존 스미스John Smith는 젊고 이상주의적 영국인 신부로서 그 노예들 사이에서 인기를 얻고 있었다. 영감을 불어넣는 그의 설교는 이집트에서 빠져나와 자유를 찾아 유대인을 인도하는 모세의 이야기를 재해석하는 것이었다. 설탕 노동자들은 그의 설교를 듣고 이해했다. 스미스는 성경이 아니라 현재에 대해서 이야기하고 있었다. 그해 여름 스미스의 설교를 들은 후 노예 3천여 명이 평소 쓰던 사탕수수 수확용 큰 칼과 기다란 막대를 움켜쥐고 주인들에게 저항하여 들고일어났다. 식민지 총독은 불타오르는 플랜테이션으로 급히 달려와 무장한 노예를 만나 무엇을 원하는지 물었다.

"우리들의 권리"라는 대답이 돌아왔다. 여기에서도 다시 아이티-이 문제에서는 미국과 프랑스도-의 전례가 반복되었다. 노예들은 자신들이 소유물이 아니라고 강력하게 주장했다. 이집트의 유대인들처럼 그들은 기본적인 인권을 가진 신의 자식이었다.

영국인들은 노예무역을 중단했지만 설탕 식민지 지배자들은 아직 완전한 인간으로서 대접받기를 요구하는 노예들의 말에 귀 기울일 준비가 되어 있지 않았다. 총독은 군대를 소집하여 폭동을 무참하게 짓밟았다. 반란을 일으킨 노예들은 수수밭으로 쫓겨났고 그들이 근처 야산으로 숨어들기라도 하면 군대들이 그들을 사냥해 잡았다. 폭동의 주모자로 지목된 카미나Quamina는 글래드스턴의 한 농장 입구에서 쇠사슬에 묶인 채 교수형에 처해졌다. 존 스미스는 영국에서 열린 재판에서 사형이 선고되었다. 하지만 그는 배가 런던에 당도하기 전 결핵으로 사망했다.

스미스 신부의 사망 소식에 영국 신문과 의회에서 엄청난 항의가 터져 나왔다. 노예제는 잔인함에 근거하였다. 이상주의자인 한 백인 영국 성직자의 죽음은 점점 더 많은 영국인들에게 노예제가 비도덕적인 교역이라는 사실을 새삼 확신시켜 주었다. 논쟁이 즉시 노예제의 폐지를 유발하지는 않았지만 그 끝이 보이기 시작했다.

노예주들은, 자신들의 권력을 축소시키는 어떠한 변화에도 반발했던 영국 귀족들의 지지를 항상 받을 수 있었다. 그러나 노예 폐지론자들이 아프리카인들의 권리를 옹호하는 발언을 함에 따라 영국 의회는 마침내 더 많은 영국인들에게 투표권을 부여하는 것을 심각하게 고려했다. 국가의 커다란 시계 바늘들이 한낮 정오를 향해 함께 움직이고 있는 것과 같았다. 바다 밖 노예제의 낡은 시대와, 영국인 3퍼센트만이 선출되는 단일 의회의 낡은 시대는 하루 단위로, 시간 단위로, 분 단위로 또 초 단위로 재깍재깍 막을 내리고 있었다. 무참하게 진압된 영국령 기아나 폭동 후 정확히 10년이 지난 1833년 노예해방 법안이 마침내 통과되었다. 황실이 소유하고 있고 귀족적이며 계급 중심적인 영국이 노예제 그 자체를 불법이라고 명시했다. 1838년 8월 1일

모든 노예는 해방되었다. 클라크슨, 윌버포스, 그리고 그들의 노예 폐지론자 동료들이 승리했다. 노예제와 투쟁하던 근 50년 동안 설탕을 입에 대지 않았던 퀘이커 교도 윌리엄 앨런William Allen은 이때 비로소 노예의 손을 거치지 않은 하얀 설탕 한 숟가락을 탄 차 한 잔을 처음으로 마셨다.

노예제의 종말은 인권을 위한 위대한 첫걸음이었다. 하지만 수확한 이후로 꼬박 24시간을 주기로 방아 기계의 속도에 보조를 맞추어야 하는 지극히 저렴한 노동력에 의존한 설탕 플랜테이션들에서 그것은 무엇을 의미했는가? 1836년 쇠사슬에 묶인 노예 지도자 카마나의 몸을 설탕 농장 앞에 전시했던 바로 그 존 글래드스턴은 한 선박 회사에 편지를 한 통 썼다. 글래드스턴은 자신의 플랜테이션에서 일할 노동자(속어로는 "쿨리coolies"였다.) 100명을 인도에서 공급해 달라고 그 회사에 요청했다. 글래드스턴의 첫 선단으로 승객 249명을 태운 휫비Whitby호와 244명을 실은 헤스퍼러스Hesperus호가 1838년 12월 출항했다.

그래서 설탕 이야기의 새로운 서막이 열렸다.

검은 물 건너기

인도인은 왜 고국을 떠나 설탕 노동에 종사할 위험을 감수했는가? 당시 인도는 아주 가난했다. 특히 북부 지역에서는 기근과 가뭄이 인도 전역을 강타했고 사람들은 앞다투어 고향을 등지고 있었다. 고향을 떠나 일을 찾는 것은 새로운 생각은 아니었다. 그러나 설탕 노동에는 사람들을 유인할 만한 것, 곧 특수한 문제가 있었다. 인도인들은 많은 다른 종교를 신봉했다. 무슬림, 불교도, 시크교도, 가톨릭교도, 파시교도(조로아스터교의 한 종파), 자이나교도 그리고 인도 유대교도까지 있었다. 그러나 인도인 대부분은 힌두교도들이었다. 전통 힌두교도들에게 인도를 떠나 대양을 여행하는 것은 금지되어 있었다. 그것은 "칼리 파나kali pana", 곧 "검은 물 건너기"라고 불렸다. 그 운명의 통로를 건너는 사람은 불순해지고 오염된다.

　인도에서 힌두교도들은 공동체 안에서 태생 지역에 관한 매우 강한 관념을 가지고 있었다. 각각의 사람들은 태어나면서 사회 안에서 역할을 의미하는 "카스트"에 편입되었다. 꿀벌의 시대 유럽인들과 마찬가지로 한 명의 힌두교도는 그(녀)의 조상들이 행한 일을 이행하기로 예정되어 있었다. 하지만 검은 물을 건넌 사람은 모든 카스트를 상실했다. 그는 수 세대 동안 자신과 자신의 가문을 정의해 온 연결 고리들로부터 해체되었다. 인도를 떠난 사람은 누구나 특별한 의식을 거행하지 않고서는 돌아갈 수도 없었고 친구들과 가족들, 마을 사람들에게 존경받을 수도 없었다.

　선박 회사에 고용된 아르카티들arkatis(인력 모집인)은 인도인 자신들이었다. 그들은 시골 사람들이 검은 물을 건너기 싫어할 것이라는 점을 알고 있었다. 하지만 그들은 또한 굶주리고 삶에 발버둥 치는 사람들이 있는 곳을 잘 알았다. 그래서 그들은 시골 마을을 다니며 선전하고 강인한 사람들을 찾기 시작했다. 곧 트리니다드로 떠나게 되는 바라트Bharath는 나중에 무슨 일이 있었는지 설명했다. 그가 구사하는 영어는 알아듣기 어렵지만 인도인들이 그 섬들에 관해 이야기를 시작한 방식이다. "어, 말이 없어, 나 치네다드Chinedad로 가, 알 거야. …… 어, 말이 없더라구. 돌아오지 못해. 어, 아무도 엄마, 아빠 다시 인사 못 해."("그 사람은 내가 트리니다드로 갈 거라고 아무 말도 안 해 줬어, 그런 거 있잖아. 그 사람은 내가 다시는 돌아오지 못하고 어머니 아버지도 다시 못 볼 거라고 아무 말도 안 해 주더라니깐.")

　바라트 같은 인력들이 중간 수용소로 오면 해당 지역 담당관은 이름, 마을, 카스트 등 그들의 정보를 받아 적고 그들을 수백 마일 떨어진 캘커타의 출항지로 보냈다. 항구 근처에 높은 벽으로 둘러싸인 수용소 건물들에서 출항을 기다리는 일은 하나의 기이한 경험이었다. 아마도 시골 마을을 멀리 떠날 엄두도 내지 못했을 노동자들은 어느 날 갑자기 다른 언어를 쏟아 내는 사람들 사이에 살게 되었다. 조상들끼리 서로

이 사진들은 플랜테이션에 머물려고 하지 않았던 해방된 흑인들을 대신해서 인도에서 영국령 기아나 카리브 해 식민지로 온 새로운 설탕 노동자들을 보여 준다. 영국인들은 인도인들에게 부와 재산을 보여 주려고 혈안이 되어 있었고 그중 어떤 이는 영국식 의상을 수용했다. 여성보다 훨씬 더 많은 남성이 인도를 떠나 "검은 물"을 건넜다는 점에서 이 사진들은 모범적인 표본은 아니다. 하지만 고용 계약 노동자들이 자신들의 의복과 언어, 신앙으로 카리브 해의 얼굴을 바꾼 것은 사실이다.

알던 사람들 바로 옆에서 살다가 여러분은 그들에 대해 아무것도 모르는 사람들 속으로 던져졌다. 모든 사람들에게 예방접종이 실시되었고 금속제 그릇들과 따뜻한 옷이 지급되었다. 여성들은 재킷과 스커트와 페티코트를, 남성들은 모직으로 만든 바지와 재킷, 모자와 신발을 받았다. 그들은 5년 계약에 동의했고, 그 기간 동안 매일 급료를 지급하고 인도로 돌아가는 항로를 제공하겠다는 약속을 받았다.

쿨리들은 출발 당일 각자 신분 인식표인 "주석으로 만든 승선권tin ticket" 한 장을 받았고 그들은 그것을 목에 두르거나 팔목에 감아야 했다. 설탕 농장으로 보내진 아프리카 노예들은 그들의 이름을 잃었다. 그들은 순수 소유물이 될 예정이었다. 반면 인도인들은 고용 계약서가 거짓된 것이었고, 사기를 당했으며, 농장을 굴리기 위한 값싼 노동자 그 이상도 그 이하도 아니었지만 여전히 개인들이었다. 그들의 이름은 하나하나 회계 장부에 꼼꼼하게 기록되었다.

그렇게 그들은 출항하여 바다를 건넜다.

여행은 길었다. 때로 그것은 27주 동안 지속되었고, 새로 노예가 된 아프리카인들을 신세계로 운송하는 항로였던 대서양 중앙 항로보다 훨씬 더 길었다. 남자들은 한편에서, 여자들과 아이들이 다른 한편에서 머물며 모든 사람들은 갑판 아래에서 생활했다. 그들은 아침 일찍 일어나 갑판 위에서 바깥 공기를 쐬면서 춤추고 노래를 부를 수 있었다. 그러나 향수병은 종종 그들을 덮쳤고 공포스러운 열병처럼 전염되었다. 어떤 이들은 슬픔으로 병약해졌다.

배 안에서 어떤 것이 형성되기 시작했다. 새로운 형태의 가족이었다. 고향에서 멀리 떠나온 이주민들은 스스로를 자하지이-바이*jahajii-bhai*, 즉 "한 배를 탄 형제들"이라고 불렀다. 다음 노래는 인도인들이 배 위에서 키운 희망을 이야기한다.

한 배를 탄 형제들

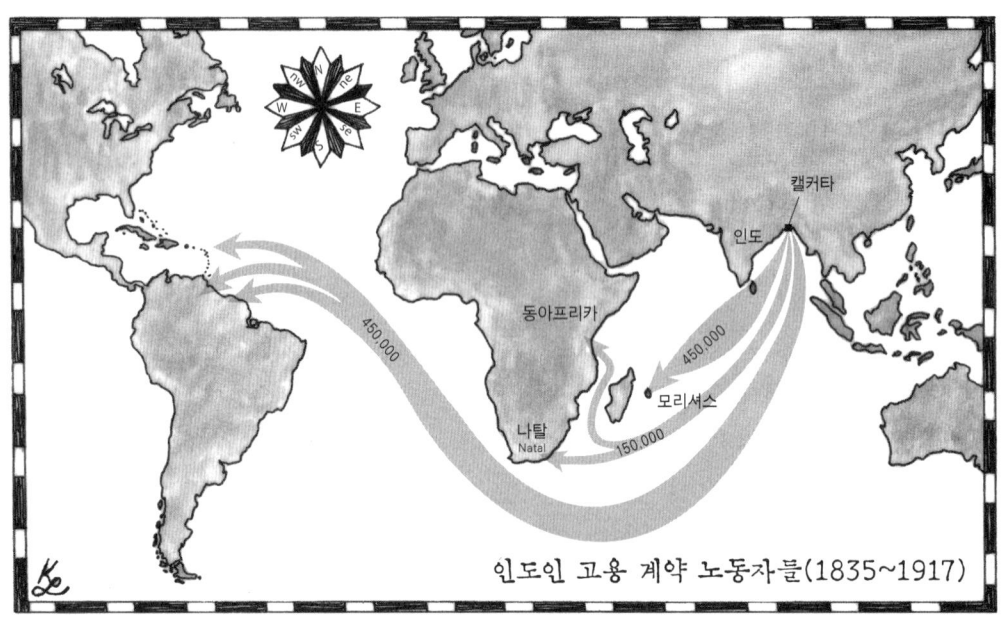

들어 보아요. 형제여, 들어 보아요.

나를 따라와요.

내가 당신께 얻어 줄 멋진 일자리,

당신께 멋진 일자리를 주리니,

당신을 부자로, 사장으로, 주인으로 만들어 줄 거예요.

어서 와요. 당신을 시티람Sitiram 땅으로 안내할게요.

이 마을은 캘커타 옆에 있어요.

거기엔 황금 광산도 있고요.

황금 그릇 안에 음식도 담겨 있을 거예요.

이들 한 배를 탄 형제들은 함께 미지의 세계로 뛰어들었다.

노예제 혹은 자유? 그 중간

고용 계약은 정확히 노예제는 아니었지만 정확히 자유도 아니었다.

새로운 노동자들이 지치고 분별력을 잃은 상태로 여행을 마치고 카리브 해에 도착했을 때 노예제 시절보다 크게 달라진 것은 없었다. 이민자 수용소에서 그들은 한 농장에 배정되었다. 그리고 나서 그들은 낡은 노예 막사로 보내졌다. 낮게 지어진 오두막에서 그들은 몇 명이서 좁은 공간을 같이 썼고 나무로 만든 간이침대에서 잠을 자고 열악한 하수구와 습한 바닥을 감내했다.

늘 그랬던 것처럼 설탕 노동은 참혹할 정도로 힘겨웠다. 노동자들은 아침 일찍 일어나 처음 몇 달 동안 소위 "간을 보았다." 괭이질이나 풀 뽑기, 자른 사탕수수를 거룻배에 싣기 등 온몸을 마비시키는 듯한 일을 배웠다. 그 일이 끝나면 그들은 다른 일을 하거나 운이 좋으면 공장에서 일자리를 얻었다. 인도인들의 계약서에는 하루 약 24센트를 버는 데 7시간 노동을 수행해야 한다고 쓰여 있었다. 하지만 첫 몇 달 동안은 음식 값으로 1주일간 8센트가 삭감되었다. 한 장의 종이 쪼가리에 무슨 말이 쓰여 있든 설탕 노동자들은 단지 7시간만을 일하지는 않았다. 그들은 종종 해가 있는 동안까지 끓는 듯한 열기에도 아랑곳하지 않고 일했다. 그들은 노예들처럼 쇠고랑을 차거나 채찍을 맞지는 않았지만 그들의 삶은 공포를 조장하는 감독관들에 의해 완전히 통제되었다.

통행권을 받지 않으면 노동자들은 플랜테이션을 떠날 수 없었다. 만일 그들이 허가 없이 멋대로 여행을 하겠다고 결정하면 그들은 감옥에 갇히거나 힘든 노동 형벌을 받거나 어렵게 벌어들인 임금의 일부를 잃을 수 있었다. 그들이 반역하거나 시위를 감행하면 그들의 계약서는 다른 농장으로 양도될 수 있었다. 그리고 여전히 매질이나 의문의 죽음에 대한 불만의 목소리가 있었다. 역사가 휴 틴커Hugh Tinker가 지적한 것처럼 그들의 삶은 가석방 상태에 있는 죄수와 같았다.

설탕 식민지들에서 노예제의 고통은 표면 아래에 깊이 잠복해 있지 않았다. 설탕 작업에 투입되었던 아프리카인들은 신속히 플랜테이션들을 떠나 스스로 농사를 짓거나 인근 소읍으로 떠났다. 한 농장주가 말한 것처럼 "검둥이들이 노예제 아래에서 자신의 눈물로 젖은 땅에서 쾌적하고 활기찬 노동자가 될 것"이라는 믿음은 전혀 이치에 닿지 않는 것이었다. 하지만 과거 노예들이 무엇을 할 수 있었을까? 고용 계약에 명시된 몇 푼 안 되는 임금을 받아들인 모든 인도인들은 아프리카인들이 노동으로 받을 수 있는 금액을 낮췄다.

인도인 쿨리들과 과거 노예들은 곧장 경쟁자가 되었다. 옛 노예들은 식민지로 밀물처럼 밀려들어 임금을 떨어뜨리는 이들 새로운 이주자들을 원망했다. 이것은 분리와 지배 게임에 닳고 닳은 농장주들에게는 편리한 것이었다. 농장주들은 일꾼들을 똑같이 비열한 두 가지 전형적 집단으로 분류했다. 과거 노예들은 게으른 집단으로 묘사되었던 반면, 인도인들은 순진하면서 순종적인 어린이들로 불렸다.

"당신들은 일을 갖게 될 거야. 흑인과 유색인에게 맞는 일이 넘쳐 나고 있지만 그들은 그 일을 하려고 하지 않아."라고 농장주 앨린 아일랜드W. Alleyne Ireland는 주장했다. 그는 과거 노예들이 옛 주인을 위해 노동하지 않고 자신의 토지에서 일하고 싶어 했던 사실을 쉽게 무시했다. 감독관들은 인도인들의 순진함을 찬미했지만 동시에 그들을 경멸했다. 한 감독관은 인도인에게는 "그 국민성에 공통적으로 보이는 저자세로 굽실거리는 비굴한 버릇이 있다."고 주장했다.

그런데 온갖 고초와 편견에도 불구하고 대부분 인도인들은 계약이 종료된 후에도 식민지에 남기로 결정했다. 1800년대 말까지 5년 계약이 종료된 후 고용 계약자 가운데 겨우 4분의 1가량만이 인도로 돌아갔다. 이것은 때때로 그들이 여전히 너무나 가난했기 때문이었다. 다른 이들은 귀국한 후 카스트를 깨뜨렸다는 이유로 고향 마을 사람들에게 쫓겨났다거나 그들의 돈을 훔친 친척들에 의해 피해를 입은 이야기를 털어놓았다. 하지만 신세계에 남기로 한 사람들 대부분은 그것이 새로운 삶을 제공해주었기 때문에 그렇게 하기로 선택했다. 1800년대 말 식민지 당국에서는 인도인 노동자들에게 새로운 제안을 하기 시작했다. 만약 그들이 카리브 해 연안에 남는다면 그들 소유의 조그만 땅을 받을 수 있었다. 설탕 농장에서 시간을 좀 투자하면 그들은 자신을 위해 농사를 짓기 시작할 수 있었다.

마리나의 가족들은 이 시기에 성공을 거두었다. 그녀의 증조할아버지는 영국령 기아나의 포트 무랑Port Mourant에 있는 가장 큰 규모의 플랜테이션들 가운데 한 곳에서 지도자로 일했다. 그 땅은 다른 지역보다 더 건조하여 사람들이 말라리아에 덜 노출되었다. 또 농지로 이용되지 않는 이곳 녹지에서는 그들이 가장 즐기는 크리켓 경기가 수차례 열렸다. 포트 무랑으로 불린 시끌벅적한 소도시는 또한 학교와 나아가 병원까지 들어서며 팽창했다. 그녀의 증조부는 채소 가게를 경영하여 약간의 돈을 모을 수 있었고 그 식민지 도시에서 최초로 인도인 법률가가 된 이에게 딸을 시집보낼 수 있었다. 그녀의 할머니는 혼수품으로 커다란 집 한 채를 받았다. 바로 이 집이 마리나가 나중에 자동차 정비소로 바뀐 사실을 알게 된 집이었다.

20세기 전환기에 이르러 식민지들은 변화하고 있었다. 설탕은 여전히 지역 경제를 지배했다. 하지만 이제 점점 더 많은 "자유" 노동자들이 있었다. 그들은 농장을 떠나 자신의 집에 살며 설탕 노동과 자신이 직접 경영하는 사업에 시간을 할애했다. 인도인 가게 주인들, 무역상들, 벼 재배자들이 있었다. 아프리카인들도 또한 도시로 이주하여 그곳에서 점원이나 교사 또는 부잣집의 하인이 되었다. 새로운 사회가 수면 위로 떠오르고 있었다. 그 사회는 노예제의 어두운 역사에 뿌리를 두고 있었지만 미래를 향해 나아가고 있었다.

농장주들은 자신들을 변모하는 설탕 농장과 무지하고 어리숙한 피보호자인 쿨리들의 자비로운 지배자로 간주했다. 그들은 지배자였고 정의를 집행하기 위해서가 아니라 통제를 유지하기 위해 법정을 종종 이용했다. 그렇지만 노예제 시절과 분명하게 다른 점이 한 가지 있었다. 이제는 노예 폐지에 대한 논쟁이 아니라, 법전들에 법률이 있었다. 총이나 고문의 통치가 아닌 쌍방에 의해 체결된 계약이 있었다. 놀랄 만큼 뛰어나고 신비로운 한 인도인의 목소리를 통해 그 이행 과정을 들을 수 있다.

개혁

1896년 자신을 베추Bechu라고 부른 영국령 기아나의 한 고용 계약 노동자가 지역 신문에 일련의 편지들을 기고하기 시작했다. 거기서 그는 "사유지estetes"라고 불렸던 설탕 농장에서의 계약 조건들을 폭로했다. 캘커타에서 태어난 베추는 고아였고 그로 인해 그는 사회의 가장 밑바닥으로 내몰렸다. 하지만 그는 그에게 영어를 가르쳐 준 한 선교사에게 입양되었고 그 후 고용 계약에 서명을 하고 대양을 건너기 전 캘커타에서 다양한 영국인들을 위해 일했다. 베추는 영국령 기아나에서 고급 신문들에 기고를 함으로써 영국인에 관한 자신의 지식을 잘 활용했다. 그는 고용 계약 조건을 교묘히 비켜 가려고 농장주들이 이용하는 속임수 한 가지를 폭로했다.

인도인들은 매일 7시간 동안 일하면서 노동의 대가로 매일 고정된 수수료를 지급받기로 되어 있었다. 하지만 농장주들은 그 대신에 "작업" 단위로 돈을 지불하기를 선호했다. 노동자가 특정 작업을 완료할 때까지 그들은 임금을 그에게 지불하지 않겠다고 주장했다. 물론 주인은 7시간보다 훨씬 더 많은 시간이 걸리는 작업을 고르곤 했고 노동자의 일과는 해가 뜨고 나서부터 해가 질 때까지로 엿가락처럼 늘어났다. 베추는 이것이 불법적이며 불공평하다고 지적했다.

"시간 단위로 일하고, 그들의 등 위에 올라타 하루 종일 그들을 몰아 대는 운전수가 있는 고용 계약 노동자들이 많이 있다." 하지만 심지어 그때조차도 그들은 계약서에 명시된 만큼의 돈을 "벌지 못한다."

　몇몇 농장주들은 자신들이 쿨리들에게 사기 치고 있다는 그의 암시에 광분하여 신문에 반박의 글을 실었다. 그 편지들은 주제넘게 공공연히 발언을 하고 영국인의 윤리를 문제 삼는 그 인도인에 대해 병적인 격노를 뿜어냈다. 1897년 사유지들에 대한 조건을 조사하기 위해 한 위원회가 소집되었을 때 베추, 곧 농장주들이 미워한 바로 그 인도인이 자신의 증거를 제출하기 위해 판사들 앞으로 다가왔다. 어떤 재판관들은 그렇게 유려한 영어로 집필한 베추가 진짜 인도인인지 여전히 의문을 품고 있었기 때문에 인도인 베추의 등장은 고민스러운 일이었다. 하지만 거리낌 없는 한 사람의 인도인을 잠재우기 위한 열망보다 농장주들의 분노에는 더한 것이 있었다.

　여러 권리와 법률, 노동 규약들을 둘러싼 대립 아래에는 농장주들이 감지하고 있는 더 깊은 진실이 담겨 있었다. 설탕 시대의 종말이었다. 한편으로 플랜테이션 노동은 이제 베추 같은 인도인 쿨리조차 소유주에 도전하기 위해 이용할 수 있는 법률과 규약들의 망에 의해서 인도되고 있었다. 노동자들은 재산이 아닌 개인들이었다. 다른 한편으로 세계 설탕 가격이 급격히 추락하고 있었다. 소유주들에게는 경제의 버팀목으로서 경제적 영향력이 더 이상 없었다. 그 대신에 규모가 작은 플랜테이션들은 도산하고 있었다. 낡은 방식은 단순히 말해 더 이상 작동하고 있지 못했다. 설탕 가격은 왜 떨어지고 있었을까? 세계 다른 지역과의 경쟁 때문이었다.

　그리고 이것이 마리나의 가족과 마크의 고모네 가족들의 이야기들이 마침내 어떻게 교차하게 되었는지에 대한 이유다.

설탕과 과학

프랑스의 설탕 제국을 향한 나폴레옹의 꿈을 기억하는가? 그리고 승리를 거둔 아이티인들이 그것을 어떻게 파괴했는지 기억하는가? 그 프랑스 황제의 거대한 계획은 실패했지만 그는 지략이 풍부했다. 카리브 해에서 설탕을 재배·가공할 수 없을 경우, 그에게는 다른 공급원이 필요했다. 이것은 영국 해군이 당시 세계 최강이었기 때문에 특히 어려운 일이었다. 나폴레옹이 사탕수수를 재배하는 지역을 찾을 수 있더라도 그는 영국 선박을 통하지 않고서는 그것을 입수할 수 없었다.

나폴레옹은 표면적으로 빠져나올 수 없는 수렁에 갇힌 것처럼 보였다. 하지만 그는 설탕의 덫에서 빠져나오는 방법을 찾았다. 실제로 그 해결책은 이미 존재하고 있었다. 그는 단지 그것에 관해 전해 들을 필요가 있었다. 1747년 독일 과학자 안드레아스 마르그라프 Andraeas Marggraf 1709~1782는 파스닙 parsnips을 조금 잘라 내 말린 후 그것을 빻아 가루로 만들었다. 그는 사탕무 beets에 대해서도 똑같은 작업을 했다. 그러고 나서 그 분말들에서 단맛을 내게 해 주는 화학 성분을 심혈을 기울여 추출했다. 이것들이 사탕수수에서 얻은 설탕과 일치한다고 그는 증명했다. 사탕무는 열대기후를 필요로 하지 않는다. 그것들은 북유럽의 땅속에서도 아주 잘 자란다. 역사에서 처음으로 열대지방에서 기원한 맛 한 가지가 더 추운 지방에서 자라는 한 식물에 의해 완벽히 일치되었다. 그것은 마치 일부 과학자들이 오늘날 초콜릿과 똑같은 맛을 내는 성분을 생산하는 감자를 발견하는 것과 같았다. 사탕무 설탕은 자연의 선물에 대한 이성의 승리이자 과학의 승리였다.

나폴레옹이 영국 함대와 싸움을 벌일 필요 없이 설탕을 얻는 방법을 강구하고 있을 때, 유럽 지역에서는 사탕무 설탕 공장 두 곳이 가동을 시작한 상태였다. 나폴레옹은 이에 전율을 느끼고 프랑스인들에게 수천 에이커에 달하는 사탕무를 재배하도록 명령했다. 1814년까지 사탕무를 설탕으로 전환하는 공장이 프랑스에만 300여 개 있었다.

1806년 그는 한 가지 계획을 떠올렸다. '영국인들이 바다를 지배하게 하자. 나, 나폴레옹은 유럽의 어떠한 나라도 영국인들에게 상품 구매를 못 하게 하는 거야.' 그는 영국인들을 배제하려고 했다. 전 세계에서 들여오는 상품들이 영국 선착장에 쌓이는 반면, 상품 구매에 돈을 썼던 유럽 사람들은 서로 거래를 틀 것이다. 나폴레옹에게는 불행하게도 영국 상품을 배척하려던 그의 계획은 실패했다. 너무 많은 유럽인들이 그의 방안들을 무시하고 영국 상품을 밀수입했다. 그런데 사탕무 설탕의 획기적 성공은 유럽의 다른 지역, 특히 우크라이나 마크 가문에 중대한 영향을 끼쳤다.

농노와 단맛

1800년대 러시아 차르들은 전 세계에서 가장 큰 제국을 통치했지만 그들의 토지는 일종의 시간 왜곡 time warp(과거나 미래의 일이 현재와 뒤섞여 나타나는 현상을 지칭하는 용어-옮긴이 주)에 사로잡혀 있었다. 영국인들이 공장을 짓고 차를 마시고 노예무역 반대 운동을 전개하는 동안, 러시아인 거의 대부분은 농노였다. 농노들은 노예와 매우 흡사한 지위에 있었다. 그들은 살 곳을 선택할 수 없었고 자신의 일을 선택할 수 없었다. 토지와 노동력을 소유한 사람은 마음 내키는 대로 그들을 처벌하거나 학대할 자유가 있었다. 러시아에서 농노제는 에이브러햄 링컨의 노예해방이 선언되기 2년 전인 1861년에 비로소 종식되었다.

러시아의 농지들은 자유 없는 노동에 의해 운영되었을 뿐만 아니라 아주 소박하면서 낡아 빠진 농경법이 이용되었다. 저 멀리 헨리 3세 때의 영국인들을 연상시키기라도 하듯이 대단히 유복한 사람들과는 상당히 동떨어진 러시아인들은 모두 여전히 꿀벌의 시대에 살고 있었다. 설탕은 특별한 손님이 찾아왔을 때나 꺼내는 사치품이었다. 그야말로 평균적 영국인 한 명이 설탕을 연간 90파운드가량 먹고 있던 1894년에도 평균적 러시아인은 단지 8파운드를 소비했다.

그런데 러시아의 한 지역에서 토지를 소유하고 있던 귀족들은 새로운 도구들과 새로운 시설물, 토양을 개선시킬 새로운 방법을 시험, 도입하는 데 흥미를 느끼고 있었다. 이 지역은 우크라이나 북부에 위치해 있었고 러시아의 보로나이Voronigh와 허스트Hurst로 넘어갈 수 있었다. 러시아에서 좀 더 진보적이었던 그 지역에 설탕 생산을 위한 혁신적인 진전이 이루어졌다는 소식이 전해지자, 토지 소유자들은 무엇을 해야 할지를 알아차렸다. 곧 사탕무를 심는 것이었다.

사탕수수 설탕은 아프리카인 수백만 명을 노예제의 수렁으로 밀어 넣는 한편, 노예무역을 폐지시키기 위한 운동을 조장했다. 쿠바에서 대규모 사탕수수 재배는 1800년대 당시 근대 기술을 이용하는 데 관심이 많았던 새로운 소유주들에 의해 도입되어 시작되었다. 이들 농장주들 가운데 일부는 쿠바 노예들을 해방시키는 데 앞장섰다. 이제 사탕무 설탕은 농노 수백만 명을 해방시킬 때가 도래했다는 사실을 러시아 귀족들에게 확신시킬 근대 농업의 본보기를 마련했다. 그리고 그것이 정확히 사탕무 설탕에 색을 입히는 방법을 해결하고 자유를 얻은 농노였던 니나의 할아버지의 일화와 함께 마크 가문의 이야기가 시작되는 지점이다.

1890년대 사탕수수 설탕의 값은 하락하고 있었고 영국령 기아나에서 설탕 밭을 소유한 농장주들은 파산 직전에 내몰려 있었다. 쿠바에서 사탕수수 설탕 생산이 활황을 일으키며 가격을 끌어내렸다. 새로운 생산 방식으로 색을 입힌 사탕무 설탕은 이제 카리브 해 지역에서 생산되는 사탕수수 설탕의 판매량을 넘어서고 있었다. 볼가 강변에 있는 니나의 러시아인 할아버지와, 가이아나에 있는 마리나의 인도인 증조할아버지는 설탕으로 연결되어 있었다.

당시 아무도 그것을 볼 수 없었지만 사탕무 설탕의 발명은 단지 사탕수수에 대한 도전이 아니었다. 그것은 설탕 시대의 끝이 시야에 들어왔다는 하나의 징후, 예컨대

설탕 천재

펄펄 끓고 있는 큰 통에 담긴 사탕수수 시럽을 차례로 잇달아 정제하는 일이 위험하기만 한 것은 아니었다. 그것은 지독히 비효율적이었다. 훨씬 적은 노동으로 똑같은 것을 만들어 낼 수 있는 안전하고 신뢰성 있는 방법을 찾아낸 사람은 루이지애나 노예의 아들이었다. 노버트 릴리외Norbert Rillieux는 1806년 뉴올리언스에서 태어났다. 그의 부친은 부유한 백인 농장주이자 기술자였다. 자신과 노예 여인 사이에 태어난 소년이 유별나게 총명했다고 그는 인정했다. 그래서 노버트의 부친은 노버트를 프랑스로 보내 교육을 받도록 했다. 그곳에서 노버트는 사탕무에서 얻은 설탕이 사탕수수에서 얻은 것과 똑같다는 사실을 증명한 검사와 실험을 이끌어 낸 이성적이고 과학적인 방법론을 익혔다. 루이지애나의 집으로 돌아왔을 때 그는 자신의 공학 기술 지식을 설탕 정제에 적용시켰다. 노버트는 설탕 시럽이 뚜껑 없는 커다란 솥 대신 특수 제작된 뚜껑 덮인 일련의 납작한 용기들pans에서 가열되면 설탕 생산의 전 과정이 똑같이 일어난다는 사실을 이해했다. 하나의 팀이 아니라 한 사람으로도 그 과정을 감독할 수 있고 열은 하나의 팬에서 다음 팬으로 전이될 수 있으므로 훨씬 적은 열이 필요했다. 노버트는 1840년대 최초로 자신의 발명을 시연했고 농장주들은 재빨리 그 가치를 알아차렸다. 노버트는 부친에 의해 법적 자유를 인정받은 탁월한 발명가였지만 그것이 루이지애나에 사는 흑인 한 명의 안전을 보장해 주지는 못했다. 그래서 그는 프랑스로 돌아갔다. 프랑스에서는 비록 자신이 노예 상태로 전락할 위험은 없었을지라도 그는 자신의 발명을 고안했다고 주장하는 사람들과 끊임없는 마찰로 고통을 겪었다. 크게 낙담한 노버트는 명민한 재능을 고대 이집트 상형문자학 등 다른 일로 돌렸다. 노버트는 1894년 프랑스에서 사망했다. 그는 1800년대 변모하는 설탕 세계의 완벽한 표본 가운데 하나다. 그는 노예의 자식이었지만 과학을 이용하여 명성을 얻었다. 그는 스스로 자유가 있었지만 평생 편견에 맞서 고군분투해야 했다.

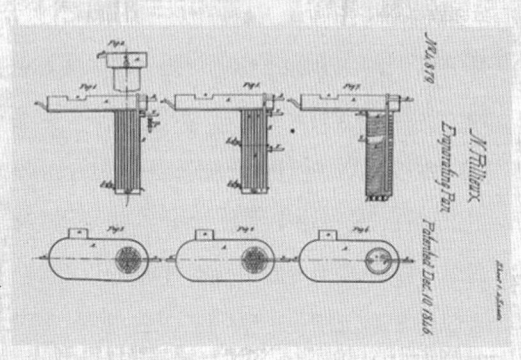

진공 팬을 제작하기 위해 고안된 노베르의 혁신적 디자인. 전통 가열실에서 열기는 빠져나가기 바빴다. 이제 열기는 팬 안에 머물며 쓰인다.

영화 한 편이 약 3분의 2 지점에 왔을 때 살짝 반전을 담고 있는 것과 같은 희미한 장면에 불과했다. 왜냐하면 사탕무 설탕은 그 완벽한 단맛을 생성해 내기 위해 노예도 필요치 않고 플랜테이션도 필요치 않고 사실 사탕수수까지도 필요치 않다는 점을 보여 주었기 때문이었다. 사탕무 설탕은 오늘날 우리가 가진 것, 즉 과학의 시대를 여는 하나의 서광이었다.

1854년에 세계 설탕 생산량의 11퍼센트만이 사탕무에서 나왔다. 1899년이 되면 그 비율은 약 65퍼센트까지 상승했다. 사탕무 설탕은 사탕수수에 대한 최초의 도전이었다. 1879년까지 화학자들은 천연 설탕보다 수백 배는 더 달콤한, 실험실에서 탄생한 물질인 사카린saccharine을 발견했다. 오늘날 여러분이 먹는 음식에 사용된 감미료들은 옥수수(고과당 옥수수 시럽)나 과일(과당)에서 얻은 것이거나 실험실에서 직접 추출한 것―예컨대 1965년 개발된 아스파탐aspartame이나 1976년 탄생된 수크랄로오스sucralose, 곧 스플렌다Splenda―일 수도 있다. 브라질은 설탕 플랜테이션에서 일을 시키기 위해 다른 누구보다 더 많이 아프리카인들을 수입했던 땅이다. 브라질은 여전히 설탕을 위한 최적의 땅이다. 사탕수수는 오늘날에도 브라질에서 자라지만 항상 설탕을 만들기 위한 것은 아니다. 그 대신 미국의 옥수수 농부들이 그들의 수확물을 연료로 전환시키고 있는 것처럼 사탕수수는 에탄올을 생산하는 데 이용된다.

이제 우리는 모두 그 어느 때보다 더 많은 단맛을 열망한다. 이는 그 욕망을 채워 줄 아주 많은 방법이 있기 때문이다. 혹독한 노동을 하는 설탕 농장들은 아직도 있다. 도미니카공화국(아이티 섬의 이웃)과 같은 지역에서 일부 설탕 노동은 영국령 기아나에 있었던 마리나의 인도인 조상들이 했던 것과 크게 다르지 않다. 그것은 힘들고 급여도 형편없이 적은 노동이며 종종 학대받는 사람들에 의해 수행된다. 하지만 화학자들은 우리 대부분을 위해 우리가 그 풍미에 어떻게 만족하는지에 대해 감독관들보다 할 말을 더 많이 가지고 있다. 설탕이 헤드라인을 장식할 때 평론가들은 누가 그것을 수확했는지가 아니라 우리가 그것을 얼마나 많이 먹었는지에 대해 언설을 늘어놓는다. 의사들은 젊은이들이 설탕이 듬뿍 들어간 과자류를 먹은 탓에 몸무게가 너무 많이 늘고 있다고 경고한다. 부모들은 지나치게 단맛이 많이 들어간 청량음료를 마신 아이들은 설탕 과다 섭취로 인한 "높은 흥분 상태"와 설탕 섭취 억제에 따른 "우울증" 사이에서 주기적으로 변화할 수 있다고 알고 있다. 어느 누구도 단맛이 어디에서 온 것인지 걱정하지 않는다. 우리의 식단은 설탕의 시대에 의해 변형되었다. 그렇지만 그 시대는 끝났다. 그리고 우리는 단지 최종 부산물이 마지막으로 언제 어디에서 왔는지만을 알고 있다. 남아프리카에서 한 인도인 법률가는 자신을 위한 이름을 하나 짓고 있었다.

법률가

모한다스 간디Mohandas K. Gandhi(나중에 마하트마Mahatma, 즉 위대한 자로 알려진 인물)는 인도의 전통 힌두 가정에서 태어났다. 영국에서 법학을 공부할 기회가 그에게 주어졌을 때 그는 고용 계약을 한 설탕 노동자들이 겪었던 것과 동일한 문제에 직면했다. 검은 물을 건널 경우 그는 카스트를 잃을 것이다. 그의 가족들은 사회 안에서 자신의 지위를 포기하지 않고 여행을 할 수 있도록 특별한 의식을 베풀었다. 그래서 1894년 영국에서 새롭게 갓 교육을 이수한 간디는 두 번째 여행을 떠났다. 그는 현재 남아프리카공화국에 있는 지역인 나탈Natal에서 법률 사무를 개시했다. 이미 많은 인도인들이 설탕 고용 계약 노동자로 일하고 있었기 때문에 그는 이곳으로 이주해 왔다.

어느 날 "누더기가 된 옷을 걸친 한 남자가 손에는 모자를 들고 내 앞에서 몸을 떨며 울면서 서 있었다. 그의 앞니 두 개는 부러져 있었고 입에서 피가 흐르고 있었다."고 간디는 후에 진술했다. 그 고용 계약 노동자의 이름은 발라숨다람Balasumdaram

이었고 그는 고용주에게 혹독하게 두들겨 맞은 상황이었다. 간디는 발라숨다람이 곤경에 빠졌다는 사실을 알았다. 왜냐하면 그가 주인에게 아무리 혹심한 처우를 받더라도 그가 농장을 떠나면 그는 기소를 당하고 감옥으로 보내질 수 있었기 때문이다. 간디는 고용 계약이 무엇이었는지를 직시했다. 그것은 "거의 노예제만큼이나 악질적이었다. 노예처럼 고용 계약 노동자는 주인의 재산이었다."

영국령 기아나와 트리니다드, 모리셔스에서처럼 인도인들은 처음에 사탕수수를 벨 목적으로 나탈로 보내졌다. 시간이 흐르면서 일부는 정착하여 농부나 점원, 가게 주인이 되었다. 인도인들은 자신들만의 새로운 공동체를 건설하기 시작했다. 나탈의 백인 주민들은 값싼 인도인 노동력을 얻고 행복을 누렸던 반면, 인도인들이 동등한 인간으로서 그곳에서 사는 것을 단호하게 반대했다. 그래서 그들은 인도인들의 의지를 꺾기 위해 자신들이 할 수 있는 모든 것을 했다. 고용 계약 노동자들은 고용주들에게 두들겨 맞거나 포획되어 특정 구역에 감금되거나 가족들과 격리되었다. 간디의 사고방식으로는 의심의 여지가 없었다. 고용 계약은 또 다른 형태의 노예제였다.

간디가 발라숨다람을 위해 일하고 있을 때마저도 남아프리카인들은 인도인들의 삶을 어렵게 만들기 위해 입안된 새로운 법을 통과시켰다. 만약 고용 계약 노동자가 그(녀)의 계약을 마치고 정착하고자 하면 그 노동자에게는 1년분의 세금이 부과되었다. 자신들의 임금으로 겨우 풀칠하고 있던 인도인들에게 그 세금은 엄청난 부담이었다. 그들이 전하고자 하는 바는 분명했다. "너희들은 단지 임시 방문 노동자로 나탈에 들어왔다. 너희들은 여기에 머무를 권리가 없다." 오늘날 미국인들은 멕시코인들과 중앙아메리카에서 온 사람들이 젖소의 젖을 짜고 토마토와 딸기와 포도와 다른 작물들을 수확하는 것을 허락한다. 하지만 미국 의회는 그들을 미국 거주자나 시민으로 승인하는 법안을 두고 오랫동안 교착 상태에 빠져 있다. 나탈의 백인들과 꼭 마찬가지로 미국은 값싼 노동력을 원하지만 그들 노동자와 그들의 자녀들에게 미국 안에 집 한 채를 제공하는 것을 꺼린다.

[왼쪽] 현 가이아나의 지역지 아거시Argosy에 실린 이 전형적인 사설이 보여 주는 것처럼 카리브 해 지역 사탕수수 농장주들은 사탕무가 진정한 위협이라고 이해했다.

[오른쪽 상단] 이 사진은 1939년 콜로라도에서 한 농부가 사탕무를 막 다듬으려는 찰나를 찍은 것이다. 제2차 세계대전에 미국은 2년 늦게 참전했고 전쟁 당시 고국의 미국인들에게는 단지 제한된 분량의 설탕만이 허락되었다. (미국 의회도서관)

[오른쪽 하단] 사탕무 수확은 사탕수수를 베는 것만큼 죽을 것같이 고통스럽지는 않았다. 하지만 그것 또한 적은 급료가 지불되는 어려운 노동이었다. 1915년 개혁가 루이스 하인Lewis Hine이 촬영한 이 사진은 콜로라도 슈거시티Sugar City의 사탕무 밭에서 일하는 10세에서 18세 어린이들을 보여 준다. (미국 의회도서관)

나탈의 인도인 공동체는 백인들이 보내는 메시지를 이해했다. "여기에서 일하라, 하지만 여기에 남지 마라." 하지만 인도인들은 소유물이 아니었다. 몇 년간에 걸친 노동에 의해서 그들은 고용 계약 노동자로 규정되지는 않았다. 그들은 누군가로부터 떠나라는 말을 듣지 않고, 사회의 2등 구성원으로 취급되지 않는 완전하고 평등한 시민으로서 개인으로 여겨지기를 바랐다. 간디는 인도로 돌아가 나탈의 인도인들에 대한 책임을 지고 있는 영국 정부 관리들에게 피력했다. 전보의 시대에 그의 언설을 실은 뉴스는 남아프리카로 순식간에 이동했고 백인 거주민을 격분시켰다. 크리스마스 때 배를 타고 나탈로 돌아갔을 때 성난 군중이 부두에서 기다리다가 간디에게 달려들며 돌과 계란을 던졌다. 나탈의 경찰 총감 부인인 알렉산더 여사가 양산으로 그들을 가로막고 나선 이후에야 비로소 습격자들이 공격을 멈췄다. 간디는 경찰서로 끌려갔고 그는 경찰 제복으로 변장을 하고 쪽문을 통해 겨우 빠져나왔다.

그때까지 간디는 법률가이자 변호사로서 인도인들의 처우를 개선해 줄 것을 백인들에게 호소하고 있었다. 그의 메시지는 이제 변화하기 시작했다.

사티야그라하

설탕은 인류의 역사에서 선명한 피로 얼룩진 길을 남겼다. 설탕 플랜테이션에서는 아프리카에서 카리브 해, 루이지애나, 나아가 하와이에 이르기까지 잔혹한 고문, 강간, 살인의 이야기들이 망령처럼 붙어 다녔다. 반란을 일으켰을 때 노예들은 주인들로부터 섬뜩한 복수를 당했고 그 후 주인들과 감독관들이 통제를 회복했을 때는 한층 더 공포스러운 보복에 직면해야 했다. 고용 계약은 노예제보다 한 걸음 나온 단계였다. 하지만 고용주들은 노동자들을 협박하여 저임금을 유지하고 불평을 틀어막는 데 최선의 노력을 기울였다. 폭력은 바로 설탕이 돋아나는 토양이었다. 설탕 고용주들과 맞서 싸울 수 있는 유일한 길은 노동자들이 주인들보다 더 단단해지고 강인해져서 피를 흘리는 것조차 기꺼이 감내하는 것이었다.

간디는 인도인 고용 계약 노동자들이 큰 칼과 총에 의지하지 않고 스스로를 강인하게 만드는 방법이 한 가지 있다고 생각했다. 자유는 압제자나 폭군들에 항거하여 봉기하는 것만으로는 오지 않는다는 사실을 그는 깨달았다. 그것은 그 자체에서 발견될 수도 있었다. 설탕 고용주들이 노동자들을 모종의 소유물로 여겼다는 단순한 사실은 인도인들이 그 정의를 수용해야 한다는 것을 의미하지 않았다. 사실 자신들의 가치와 진가를 주장하고 확신시키는 것은 그들에게 달려 있었다. 내면에 인간적 존엄이 있는 사람은 주인이 아무리 그를 괴롭히려고 하더라도 자유로웠다. 남아프리카에서 여러 해에 걸친 간디의 삶은 하나의 실험실이 되었다. 그는 어떻게 하면 진실하고 자유로운 인간이 될 수 있는지를 실험했다. 마침내 그는 자신의 생각들을 실천에 옮길 준비가 되었다.

1906년 9월 11일 남아프리카 요하네스버그의 제국 극장The Empire Theater은 흑인법The Black Act의 내용을 들으려고 기다리는 인도인 대의원들로 미어터질 지경이었다. 그 법은 이듬해 발효될 예정이었고 남자든 여자든 어린이든 8세를 넘긴 모든 인도인들은 호적과 지문을 등록할 것을 요구하고 있었다. 정식 호적이 없는 인도인은 누구든 벌금이 부과되거나 감옥에 보내지거나 추방될 수 있었다. 인도 공동체에서 호적 등록 카드는 치욕적인 차별의 상징이었다. 그들은 그저 이방인이 아니라 잠재적 범죄자로 취급되고 있었다. 간디는 단상에 앉아 자신이 발언할 차례를 기다렸다. 자리에서 일어섰을 때 그는 청중을 깊이 응시한 후 "모든 사람들의 얼굴에서 무언가 기묘한 일이 벌어졌거나 일어나지 않을까 하는 기대감을 읽을" 수 있다고 느꼈다.

그래서 간디는 극장 안에 있는 한 사람 한 사람에게 특별한 맹세, 즉 혹독한 처벌을 몰고 올지라도 호적을 등록하지 않고 정부의 규칙을 수용하지 않겠다는 서약에 그와 함께 동참할 것을 호소했다. 간디는 한 사람 한 사람이 결정을 숙고하고 개별적 선택을 할 것을 역설했다. "모든 개인들"은 그 자신 또는 그녀 자신이 맹세를 해야 한다고 설명했다.

이웃을 바라보지 말고 신을 바라보십시오. 다른 누군가가 아니라 자기 자신을 향한 힘을 얻기 위해서 맹세는 빼앗겨서는 안 됩니다. 맹세의 힘은 한 사람이 하겠다고 약속할 수 있는 것, 그리고 모욕, 감금, 고된 노동, 채찍질, 벌금, 추방 그리고 죽음까지도 포함하는 고통을 기꺼이 감내하는 것에 의해서 규정되기 때문입니다.

청중석에 있던 이 모든 사람들이 그 또는 그녀 자신의 손을 들었다.

간디는 새로운 길을 걷기로 군중들과 함께 결의했다. 그는 그 길을 사티야그라하Satyagraha라고 불렀고 그것은 "강고한 진실" 혹은 "확고함"을 의미한다. 그것은 또한 "사랑의 힘"이라고 불린다. 폭력의 목적이 적을 패배시키고 일소하는 것이라면, 사티야그라하의 목표는 상대방을 설득하거나 변화시키는 것이다. "그는 인내와 동정으로 실수에서 빠져나와야 한다." 사티야그라하를 믿는 사람은 물리적으로 싸우지 않고 대신에 감옥에 가거나 두들겨 맞을 거라는 사실을 알면서도 그 또는 그녀 자신의 내면에 담긴 용기를 통해 저항할 것이다.

수동적 저항은 새로운 것은 아니었다. 간디는 정확히 이 관점을 주창한 헨리 데이비드 소로Henry David Thoreau 1817~1862의 글을 읽었다. 그렇지만 비폭력은 이전에 대중운동으로 채택된 적이 한 번도 없었다. 이는 놀랄 만한 전환점이었다. 간디는 폭력을 낳는 폭력의 순환을 벗어났다. 그는 부유한 고용주들에게 더 나은 방법이 있다는 것을 보여 줄 것을 가난한 노동자들에게 요구했다.

사티야그라하는 다른 사람의 법이나 총이나 편견으로 하나의 인간이 재산으로 만들어질 수 있다는 것과 정반대의 관념이다. 누구나 자신이 최고 기준에 맞게 살아가겠다고 맹세할 수 있다. 그리고 그 서약을 달성하기 위한 노력이 우리를 인간으로 규정하는 것이다. 우리는 다른 사람들이 우리에게 부과한 판단의 총합이 아니라, 우리 자신의 영혼의 힘의 총합이다.

1908년 8월 16일 인도인 수천 명이 요하네스버그 공원에 있는 하미다Hamida 모스크에 모였다. 시위자들은 흑인법을 철폐하도록 정부에 요구하면서 최후의 결론을 발표했다. 그때 한 자원자가 자전거를 타고 소식을 전하러 왔다. '정부는 생각을 조금도

바꾸지 않을 것이다. 흑인법은 효력을 유지할 것이다.'

무쇠로 만든 거대한 솥에 불이 점화되었고 인도인 2300명의 호적 증명서들이 화염 속으로 던져졌다. 이것이 사티야그라하 최초의 대규모 행동이었다. "나는 재산이 아니다."라고 인도인들은 보여 주고 있었다. "나는 당신의 희생자가 아니다."라고 그들은 의사를 표현하고 있었다. "나는 내 양심의 힘을 갖는다."라고 그들은 증명하고 있었다. 인도인 공동체의 고요하면서 강한 힘은 남아프리카 정부를 뒤흔들었다. 1914년 6월 정부는 굴복했다. 흑인법은 법전 안에서 뜯겨 나갔다. 인도인들은 자신들이 단순한 노동자가 아니라 시민이라고 주장해 왔고 드디어 남아프리카 정부는 이를 받아들일 수밖에 없었다.

임무가 끝나자 간디는 인도로 돌아갔고 그곳에서 사티야그라하는 인도 독립 투쟁에서 가장 효과적인 무기가 되었다. 인도에서 간디는 또한 영국산 제품을 쓰거나 사는 것을 거부하는 비협력 운동을 주창했다. 영국의 노예 폐지론자들이 사람들을 부끄럽게 만들어 노예제 안에서 주조된, 피에 젖은 크리스탈을 사지 않도록 했던 것처럼 그는 인도인들이 식민 정부에서 제조한 상품들을 사지 말 것을 독려했다. 간디의 사랑의 힘이 승리했다. 1947년 인도는 미국 이후 외국인 통치에서 벗어나 자유를 얻은 첫 영국 식민지가 되었다. 잘 아는 바와 같이 비폭력과 수동적 저항은 마침내 전 세계로 확산되어 미국에서 시민권을 위해 투쟁한 마틴 루서 킹 주니어[1929~1968]에게 영감을 주기에 이르렀다.

최근 역사에서 가장 혁명적이고 설득력 있는 사상들 가운데 하나인 사티야그라하의 기원은 간디가 학대받던 고용 계약 노동자 발라숨다람을 만나던 순간, 또 사탕수수를 베기 위해 전 세계에서 끌려왔던 설탕 노동자들이 자신들의 정당한 지위를 요구하기 위해서 봉기했던 그 순간에 있었다.

설탕은 인간을 재산으로 변모시켰지만, 설탕은 어느 누구든 다른 사람에게 소유될 수 있다는 사고를 거부할 수 있도록 사람들을 인도했다. 설탕은 수백만 명을 살해했지만, 그것은 자신의 목소리를 내지 못했던 사람들에게 자신을 표현할 방법을 가져다주었다. 설탕은 사람들을 짓밟았지만 간디가 진실한 실험을 시작하고 많은 개인들이 그 자신 혹은 그녀 자신을 해방시킬 수 있었던 것은 설탕 때문이었다. 오로지, 우리 모두가 열망하는 단맛인 설탕만이 사람들을 그토록 잔혹하게 만들었고 온갖 형태의 잔혹함에 투쟁하도록 추동했다. 설탕을 향한 열망은 사람들이 자신의 조상들이 하던 일에 의해 규정되었던 고대로부터 현재의 근대 세계-간디가 우리를 안내하여 보여 주었던 바로 그 세계에서 각 개인은 인간으로서 가치를 인정받고 있다.-로 우리를 데려다 주었다. 도미니카공화국 같은 지역에서 혹독한 상황에 처한 설탕 노동자들이 여전히 존재하고 사탕수수 설탕이 과학의 시대에 발명된 다른 감미료들에 의해서 대체되었지만, 이 물질은 영원히 우리의 역사에 궤적을 남겼다.

매일 우리는 설탕이 탄생했던 세계에 살고 있다. 그 세계에는 아프리카인들 후예들이 카리브 해 지역과 브라질, 미국, 캐나다에 살고 있고 인도인 고용 계약 노동자들의 손자·손녀들이 카리브 해 섬들과 아메리카 도시들을 공유하고 있다. 그 안에서 중국인, 필리핀인, 한국인 아이들이 하와이 인구를 구성한다. 하와이인들은 그들 민족의 탄생을 받아들인 침묵 때문에 여전히 고통받고 있다. 그 세계 안에서 평등은 부자, 농장주, 감독관 또는 심지어 자유를 찾은 사람들에게조차도 속해 있지 않다. 평등은 우리 각자 안에 존재한다. 그것은 아주 쓰디쓴 고통의 대가로 얻은 달콤한 진실이다.

설탕은 세계를 바꾸었다.

세계 많은 지역에서 설탕은 이제 기계로 수확되고 있으며 설탕의 오랜 역사도 안개 속으로 사라져 가고 있다.
(브렛 듀크Bret Duke, 타임스지The Times-Picayune)

|조사 및 집필 과정|

교사들과 도서관 사서들, 그리고 그 외 흥미를 느낀 사람들을 위한 오랜 집필 과정에 대한 짧은 에세이

주의 : 이 에세이는 청소년 독자들이 아니라 그들에게 도전 의식을 부여하고 그들을 가르치고 조력하는 사람들을 대상으로 한 것이다. 이는 청소년들은 현명하고 그래서 우리가 그들에게 커다란 문제들을 창의적 방법으로 생각해 볼 기회를 더 많이 부여할수록 그들이 더 발전할 것이라는 확고한 믿음에 근거하고 있다. 여기에서 우리는 조사 과정에서 맞닥뜨렸던 정말 커다란 역사적 주제를 개괄한다. 이 책은 교과서가 아니다. 그러므로 우리는 제기된 질문들을 설명하고 논쟁하기 위해 공간을 할애할 수 없었다. 대신에 창의적인 선생님들이 본문에 서술된 내용과 여기에서 우리가 거론하는 추천 자료를 이용하고 또 그것들을 하나의 출발점으로 삼아 교실 안에서 더 깊이 탐구해 나갈 것이라고 믿는다. 우리는 또한 이 에세이를 이용하여 우리의 일부 조사 활동과 집필 전략을 개괄한다. 이것이 학생들에게 유용한 본보기가 될 수도 있다.

이 에세이에서 제기한 문제들이 중·고등학생들의 이해 범위를 넘는다고 느낀다면 중학교 1학년 생 정도의 어린 학생들이 쓴 내셔널 히스토리 데이National History Day 상 수상 에세이들-www.historycooperative.org/journals/ht40.1.dabel.html-이나 고등학생들이 쓰고 콘코드 리뷰Concord Review에서 펴낸 에세이들-www.tcr.org/tcr/index.htm-의 일부만이라도 읽어 볼 필요가 있다. 우리가 청소년들에게 더 많은 지적 자극을 주면 줄수록 그들은 더 높이 비상한다.

설탕에 관한 자료를 읽기 시작했을 때 우리는 금세 설탕이라는 생산품 이야기가 두 가지 중요한 역사적 질문을 제기한다는 사실을 깨달았다. 첫째 설탕과 노예제가 자유를 향한 투쟁에 어떻게 연관되었는가? 이 질문은 미국, 프랑스, 아이티 혁명과 이들 국가 및 영국에서 벌어졌던 노예 폐지 운동과 관련된다. 둘째, 설탕과 노예제는 영국의 산업혁명의 탄생과 어떻게 엮여 있었는가? 역사가들은 수십 년간 이 문제들을 논쟁해 왔다. 하지만 그것들은 예컨대 미국의 노예제, 계몽운동과 독립선언, 프랑스혁명, 영국의 산업혁명, 노예 폐지와 남북전쟁 같이 모두 학생들, 특히 고등학생들에게 완전히 분리된 구성단위로 너무 자주 제시되었다. 그러한 구성 방식은 이들 중요한 역사 주제들이 서로 전혀 연계되어 있지 않은 것 같은 인상을 준다. 이 책이 노예제와 아프리카계 미국인의 역사, 인종, 더 큰 세계의 일부로서 미국을 이해하기 위해 암시하는 모든 것들과 함께 카리브 해와 브라질에 주로 초점을 맞춘, 보다 큰 시스템의 작은 부분으로서 북아메리카 노예제를 가르칠 수 있도록 교사들을 고무할 수 있다면 우리는 이미 목표를 달성한 셈이다.

설탕과 노예제를 직시하는 것이 우리가 자유에 관한 사상들과 새로운 형태의 노동과 기계의 발명을 이해하는 방식을 어떻게 변화시키는가? 아주 폭넓은 관점으로 말해서 학문적 논쟁은 다음과 같이 진행된다.

설탕 이야기는 무자비하고 참혹하다. 그 어두운 역사를 더 많이 알게 될수록 일부 역사가들은 노예를 소유한 농장주들이 말하는 자유와 해방의 사상들에 더 많은 의구심을 품게 되고 산업혁명을 발명과 과학의 산물이 아닌 채찍과 쇠고랑의 산물로 더 많이 여기게 된다. 노예제 그 자체를 폐지하기 위한 추동력은 새로운 부자 계급의 "이익"을 위해 기여하는 것으로 이해된다. 또 다른 역사가들은 설탕과 노예를 통해 이윤을 얻은 사람들까지도 양심에 가책을 느꼈다고 믿거나, 산업화를 플랜테이션들에서 얻는 이윤보다 새로운 기계들의 생산물이 더 많았다는 것으로 여긴다. 노예제에 대한 탐구 활동은 우리를 회의론자 또는 이상주의자의 눈을 통해 과거를 어떻게 바라볼 것인가를 결정하도록 압박한다.

이러한 것들은 우리가 근대의 탄생을 어떻게 바라볼 것인가 하는 핵심에 다가서게 하는 매력적인 쟁점들이다. 우리는 그러한 쟁점들을 통해 명민한 학생들이 대단히 정확한 질문을 던질 것이라고 믿는다.

교사들은 자신의 학생들을 위해 이들 쟁점의 구성 방법을 가장 잘 알고 있을 것이다. 하지만 기본 틀은 명확하다. 우리가 미국사에서 노예제와 평등의 이상을 논의할 때 논의를 금세 개인적인 문제로 옮겨 간다.

노예를 소유한 미국 건국의 아버지들은 위선자들이었는가? 하지만 설탕 노예제의 진정한 범위와 정치혁명과 산업혁명 시대의 최대 폭을 고려할 때, 영광스러운 원칙들과 잔혹한 노예 상태의 상호작용은 다르게 보인다. 개인들에 관해 이야기하기 전에 우리는 인간 행동의 가장 깊고 가장 원초적인 추동력을 이해하려고 하고 있다.

우리는 탐욕에 의해서 추동되는가? 아니면 경제체제에 의해서? 우리들의 이상에 의해서? 기술 변화에 의해서? 시대정신으로 정의하기 어렵고 모호한 어떤 것에 의해서? 우리는 누구인가? 무엇이 우리를 비인간적이게 만드는가? 무엇이 우리를 그러한 비인간적 쇠사슬을 끊고 공통의 인간애에 따라 행동할 수 있도록 하는가? 어떠한 역사적 질문도 학생들과 교사들에게 똑같은 보상을 줘여 줄 수 없을 것이다.

이 책을 집필하기 위한 조사 활동과 집필 과정은 우리(와 버지니아 벅클리Virginia Buckley, 그리고 성자와 같은 인내심을 보여 준 편집자)가 상상했던 것보다 훨씬 많은 시간이 걸렸다. 우리가 발견한 것처럼 설탕에 관해 글을 쓰는 것은 상충하는 두 가지 커다란 노력을 필요로 했다.

첫째로 우리는 자꾸만 넓어져 가는 그물망을 던져야 했다.

이 책에서 논의된 주제들은 수천여 년 동안 이 행성 안에서 인간이 살 수 있는 거의 모든 곳에서 일어났던 것이었다. 그래서 우리가 그것을 어떻게 조사했는가? 우리의 전략은 이미 기초적인 쟁기질이 되어 있는 책들부터 시작하는 것이었다. 소위 2차 연구서들(그 책들은 설탕에 관한 것이며 설탕 역사에 관한 실제 문헌인 "원천 사료"는 아니다.)을 읽은 후에야 비로소 우리는 좀 더 전문화된 연구물로 전환할 준비가 되었다. 우리는 틈날 때마다 설탕 노동자들의 삶을 조명하기를 원했고 그들의 목소리를 찾아 인터뷰 기록물과 기타 고문서를 뒤졌다. 하지만 더 큰 서사 구조 안에서 그것들을 어디에 배치할 것인지 이해할 때까지 그들의 목소리를 찾지 못했다. 연구 주제를 받은 학생들 대부분은 곧장 인터넷 검색엔진으로 직행할 것이다. 그러나 우리는 그렇게 하지 않았다. 먼저 우리는 설탕 이야기의 기초 지식을 제공해 준 책들을 읽었다. 그리고 나서 더 깊이 탐구하기 위해 인터넷을 이용했다. 그것은 인터넷을 못 믿어서가 아니라 검색엔진은 무작위로 무수한 사이트들을 보여 주기 때문이다. 우리는 그것에 압도당하고 혼란을 느끼면서 연구를 시작할 이유를 못 느꼈다. 우리는 다시 재분류해야 하는 정보의 홍수가 아니라 우리 자신의 지식과 관심의 향배에 따라 이용되는 도구 중 하나로 인터넷이 기능하기를 원했다. 하지만 이 거대 쟁점들을 이해하는 것은 단지 우리의 도전 가운데 절반에 불과했다.

우리의 두 번째 작업은 압축이었다. 곧 이 거대한 이야기에 관해서 어떤 사실들의 나열이나 끝없이 계속되는 두꺼운 학술서가 아닌 형태로 집필할 방법을 찾는 일이었다. 우리는 이야기의 본질로 다가가고자 거듭 검토하고 또 검토하면서 단지 경제적, 정치적, 사회적 요소들이 아닌, 가능하면 인간들을 그려 내고자 했다.

저자 두 명, 눈 두 쌍, 손 네 개가 작업을 도왔다. 마크가 기초 조사 대부분을 하고 초고를 썼다. 마리나는 소설가적 재능을 발휘하여 초고를 편집하고 이야기의 초점을 잡은 후에 인도인들과 고용 계약에 관한 그녀 자신의 조사 결과와 학문적 성과를 끼워 넣었다. 그러고 나서 우리 둘은 그것을 다시 감수하면서 각자의 서술 방식이 잘 어울리고 책이 통일된 전체상을 그려 낼 수 있도록 매만졌다.

우리는 레이철 매트슨Rachel Mattson 박사와 테리 루이터Terri Ruyter 박사, 역사가 되기 웹사이트-www.becominghistorians.org-의 개발자들, 뉴욕 대학의 교수학습학과의 미국학 교수법 프로젝트Teaching America Project 책임자들에게 큰 빚을 졌다. 레이철과 테리 덕분에 우리는 연거푸 두 해 동안 진행 중인 연구 내용을 뉴욕 시립 초등학교 선생님들(처음에는 K-5의 여름 연수에서, 두 번째는 5학년 전체 교사들을 대상으로)에게 발표할 수 있었다. 그들과의 작업은 우리에게 매우 소중한 것이었다. 그들은 우리가 이야기의 핵심을 찾는 데 도움을 주었고 학생들과 성인들 모두를 연결하는 가장 좋은 방법을 가르쳐 주었다. 그해 여름 작업은 우리의 현장 시험이었다.

교실 안의 학생들에게는 공동 집필자가 있거나 귀를 쫑긋 세우고 경청하려는 사람들로 가득 찬 교실이 있는 것은 아니겠지만 그들은 우리들이 했던 것과 똑같이 보편적 방식을 따를 수 있다. 선도하는 모든 것들을 좇아 폭넓게 둘러보고 너무 많다 싶을 때까지 수집하라. 그리고 나서 개별 인물들과 여러 서사들, 그리고 독자들과 가장 직접적으로 소통할 주제들을 찾기 위해 좁혀 들어가라.

처음부터 우리는 이 책에서 그림들을 글만큼이나 중요하게 담아내고자 기획했다. 그림들에 생동감을 불어넣어 준 뛰어난 디자이너 트리시 파르셀Trish Parcell, 이 책을 정성껏 교정해 준 르네 카피에로Renee Cafiero, 그리고 페이지 한 장 한 장을 완벽하게 만들기 위해 열정을 쏟아 준 케리 마틴Kerry Martin, 다니엘 나예리Daniel Nayeri, 크리스틴 케트너Christine Kettner 등 보스턴의 클라리온 출판사 전 임직원에게 이루 다 표현할 수 없는 큰 은혜를 입었다.

| 감사의 글 |

이 책을 쓰기 위해 조사를 하던 초기에 설탕의 역사에 호기심을 품은 모든 학생들이 반드시 읽어야 할 첫 번째 참고 문헌을 저술한 학자를 만난 것은 우리에게 크나큰 행운이었다. 시드니 민츠 박사는 《설탕과 권력Sweetness and Power》(이 책에서 언급된 모든 자료에 대한 서지 정보는 175쪽 참고 문헌에서 확인할 수 있다.)을 1985년에 펴냈고 그 이후 모든 사람들은 이 책을 하나의 시금석으로 이용해 왔다. 민츠는 잘 훈련받은 인류학자로서 설탕 역사에 관한 사실들뿐만 아니라 설탕이 그것을 경작하고 판매하고 먹은 사람들의 삶을 어떻게 바꾸었는지를 잘 포착했다.

설탕 플랜테이션은 봉건시대의 낡은 농업 세계와 산업 시대의 공장 노동 사이에서 있다. 사회적 변화를 경제 시스템의 이행으로 연결하여 이해하는 역사가라면 그 점을 설명해야 한다. 민츠는 그렇게 함으로써 그 방법을 선도했고, 가장 통찰력 있고 음미할 만하며 설득력 있는 책에서 그것을 보여 주었다.

동일한 첫 조사 과정에서 또한 우리는 스미스소니언 협회에서 아시아 태평양 아메리카 프로그램의 프로그램 총괄 책임을 맡고 있는 프랭클린 오도Franklin Odo 박사를 알게 되었다. 오도 박사는 하와이 역사와 하와이 설탕 이야기의 권위자다. 그는 초기에는 우리를 도와 조사 활동을 안내해 주었을 뿐만 아니라 마지막에는 우리 원고 전체를 검토해 주었다. 우리는 그의 통찰력에 큰 도움을 받았다. 이 책의 결론을 맺어

가면서 우리는 폴 프리드먼Paul Freedman 박사의 저서 《동양을 벗어나Out of the East》를 읽고 아주 유용하고 재밌는 책이라고 느꼈다. 프리드먼 박사와 그의 예일대 제자 애덤 프랭클린-라이언스Adam Franklin-Lyons, 아젤리나 자불레-베르쉐르Azelina Jaboulet-Vercherre는 시간을 할애하여 우리의 질문에 답변을 해 주었다. 프리드먼 박사는 이 책 전체를 검토하고 역사적 사실에 비춰 훌륭한 판단을 내려 줬다. 여러 특별 소장품들에 대해서 고문서를 찾는 데 도움을 준 루이지애나 주립 대학의 사서 크리스티나 리켈미Christina Riquelmy와 플로리다 주립 대학의 사서 에리히 케세Erich Kesse, 루이지애나와 남아프리카의 설탕에 관한 통찰력을 제공해 준 토론토 뉴칼리지의 릭 핼펀 Rick Halpern 교수에게 감사의 말을 전한다. 누르한 아타소이 박사와 워싱턴 시 터키 문화원은 오스만제국의 설탕 조각상 이미지들을 조사하는 데 특히 도움을 주었다. 우리는 데이비드 버니David Burney 교수를 소개해 준 더글러스 허먼Douglas Herman 박사에게 감사한다. 버니 교수는 카우아이Kaua'i 섬의 9개 지역에서 발견된 숯을 이용하여 하와이 섬에 거주민이 도래하는 시기를 공동 연구한 논문을 우리에게 보내 주었다. 벤 라피두스Ben Lapidus 교수는 설탕 노예제를 통해 탄생한 음악으로 접근하는 데 가장 큰 도움을 주었다.

두말할 필요도 없이 우리는 이 학자들로부터 얻은 모든 통찰력에 감사하는 한편으로, 이 책은 우리의 책이며 여기에 담긴 모든 것과 그것에 수록되지 않은 것은 우리가 결정한 산물이라는 점을 밝힌다. 우리와 마찬가지로 설탕을 통해 세계사를 이해하려고 한, 성인을 대상으로 집필된 책 두 권-피터 매시니스Peter Macinnis의 《달콤 쏩쓸한 것Bittersweet》과 엘리자베스 애벗Elizabeth Abbott의 《설탕:달콤 쏩쓸한 역사 Sugar: A Bittersweet History》-를 알고 있다.

마리나는 고용 계약의 역사를 처음으로 본격적으로 탐구한 연구서인 휴 틴커의 《노예제의 새로운 시스템:인도인 노동자의 해외 수출, 1830~1920 A New System of Slavery: The Export of Indian labour Overseas, 1830~1920》을 바탕으로 자신의 연구 활동을 시작했다. 그로부터 다른 수많은 학자들이 그 서사에 살을 덧붙이고 고용 계약이 또 다른 형태의 노예제였다는 관점을 두고 논쟁을 벌였다. 이 새로운 관점을 조명한 일부 학자들의 연구는 다음과 같다. 월튼 룩 라이Walton Look Lai의 《고용 계약 노동과 카리브 해의 설탕: 서인도제도로 간 중국·인도 이주민, 1838~1918 Indentured Labor, Caribbean Sugar: Chinese and Indian Migrants to the West Indies, 1838~1918》(Baltimore: John Hopkins University Press, 1995), 바스데오 망루Basdeo Mangru의 《가이아나 설탕 농장에서 동인도인의 저항의 역사: 1869~1948 A History of East Indian Resistance on the Guyana Sugar Estates: 1869~1948》(Lewiston, NY: Edwin Mellen Press, 1996). 마리나 카터Marina Carter는 모리셔스의 인도인 고용 계약 노동자들에 대한 수많은 연구를 수행했다. 예컨대, 《고용 계약자의 목소리: 대영제국에서 인도인 이주민의 경험Voices from Indenture: Experiences of Indian Migrants in the British Empire》(London: Leicester University Press, 1996)이 있다.

저자로서 마리나는 잃어버린 노역 계약자들의 "목소리"를 발굴한 학술적 성과에 특히 주목했다. 탐구 열정 가득한 독자이자 교사인 마리나에게 이것은 원전 사료들을 접하고 고용 계약에 관여한 모든 사람들의 목소리를 듣기 위한 훌륭한 방법이었다. 고용 계약을 다룬 글은 다음과 같다. 베레네 셰퍼드Verene A. Shepherd의 《마하라니의 비극: 인도에서 카리브 해로 가는 길Maharani's Misery: Narrative of a Passage from India to the Caribbean》(Kingston, Jamaica: University of the West Indies Press, 2002), 누르 쿠마르 마하비르Nur Kumar Mahabir의 《숨죽인 울음The Still Cry》. 모한다스 간디의 자서전 《진실을 담은 나의 실험 이야기The Story of My Experiments with Truth》는 남아프리카 인도인 공동체에서 펼친 그의 활동을 살짝 보여 준다.

민츠, 매시니스, 그리고 다양한 인터넷 사이트 덕분에 우리는 첫발을 내디딜 수 있었다. 그것들은 우리가 이야기하고자 하는 이야기의 기본 뼈대를 제시해 주었다. 설탕을 진정으로 이해하기 위해 그리고 설탕 노동자들의 목소리를 듣기 위해 우리는 설탕과 노예제와 고용 계약에 관한 학술 연구의 깊은 바다에서 헤엄쳐야 했다. 그러한 조사 활동을 거쳤기에, 우리는 여러분이 이 책에서 다룬 주제들에 흥미를 느꼈다면 여러분이 탐구할 수 있는 풍부한 자료들이 이 책의 바깥에 가득 있다고 말할 수 있다. 민츠가 우리에게 그랬던 것처럼 이 책이 여러분의 지적 호기심을 자극하는 토대를 마련해 주기를 희망한다.

| 연표 |

주요 사건 : 세계사 속 설탕

기원전

8000~7000	뉴기니 섬에서 야생 사탕수수를 처음으로 재배하기 시작하다.
6000	사탕수수, 필리핀에 도착하다.
1500~900	이 시기 무렵부터 시작된 구술 전통에 사탕수수가 힌두교 의식에 이용된 것으로 묘사되었다.
515	그리스 역사가 헤로도토스에 따르면 페르시아인들은 사탕수수로 생각되는 것을 현재의 인도와 파키스탄에서 발견했다.
327	알렉산더대왕의 친구 네아르쿠스가 인도에서 꿀벌 없이 꿀을 만드는 갈대를 다시 언급하다.
286	중국에서 처음으로 사탕수수가 기록되다.

기원후

100	인도의 한 문헌에 설탕 제조용 방아 기계가 언급되다.
500년대	준디 샤푸르 대학은 수많은 지역에서 학자들과 의사들을 초빙했다. 사탕수수를 재배하고 설탕을 정제하여 약물로 이용하는 방법에 관한 지식이 공유되었다.
600년대	무슬림들이 준디 샤푸르를 점령하고 설탕에 관한 지식을 이슬람 세계 전역으로 급속히 확산시키다.
600~1100	폴리네시아인들이 바다 건너 태평양의 섬들에 사탕수수를 전하다. 사탕수수는 늦어도 1100년에 하와이에 들어간다.
900년대 이후	설탕 플랜테이션이 무슬림이 지배하는 지중해 연안과 스페인에 들어섰다.
1095년 이후	십자군: 유럽인들은 성지 예루살렘에 자라는 사탕수수를 목격하다.

1150~1300	샹파뉴 시장: 유럽인들은 설탕을 목적으로 무슬림들과 교역하다.
1200년대 이후	이집트인들이 순백색 설탕을 정제하는 달인이 되다.
1226	영국 왕 헨리 3세가 설탕 3파운드 값으로 450달러에 상응하는 값을 지불하다.
1402	스페인들이 카나리아제도의 정복을 시작하다.
1420년대	포르투갈인들이 마데이라제도를 정복하다.
1439	유럽인들이 사람이 아무도 살지 않았던 아조레스제도에 도착하다.
1450	마데이라 섬이 유럽을 위한 선도적인 설탕 생산지가 되다.
1493	콜럼버스, 사탕수수를 히스파니올라로 가져가다.

영국과 설탕

1625	영국인들이 바베이도스를 장악하다.
1665	영국인들이 자메이카를 정복하다.
1760	자메이카, 태키Tackey의 반란.
1772	서머싯Somerset 소송: 영국의 한 재판관이 행한 판결이 영국 땅을 밟는 순간 노예들이 자유를 얻는 것을 의미하는 것으로 해석되다.(1691년 프랑스 사례를 참조.) 하지만 실제 판결은 훨씬 구체적이었고 일반법이 되었다고 보기 어려웠다.
1786	논문 상을 수상한 토머스 클라크슨의 노예 폐지 에세이가 출판되다.
1789	올라우다 에퀴아노의 자서전이 출판되다.
1790년대	피로 물든 프랑스혁명으로 인해 영국에서 노예제 폐지의 명분이 손상을 입다.
1807	영국인들이 노예무역을 불법으로 규정하다.
1833	영국에서 노예제를 폐지하다.
1840년대~1917	고용 계약 시작.

프랑스, 설탕, 노예제

1685	흑인법Code Noir이 프랑스 설탕 식민지들에서 노예제를 합법으로 만들다.
1691	노예들이 프랑스 땅을 밟는 순간 자유가 보장되다.
1697	프랑스와 스페인이 히스파니올라를 분할하다.
1700년대	생 도밍그(프랑스령 히스파니올라)가 세계에서 가장 부유한 설탕 식민지로 부상하다.
1716	폴린에 대한 소장이 법정에 제출되다.
1789	인간과 시민의 권리 선언으로 프랑스혁명이 시작되다.
1791	프랑스령 설탕 식민지들에서 자유민 부모의 자녀들은 색깔이나 출신에 관계없이 프랑스 시민의 완전한 권리가 보장되다. 프랑스 영토 안에서 노예제가 폐지되다.

1792	프랑스 지도자들이 적들을 처형하는 데 단두대를 사용하다.
1793	루이 16세 처형. 마리 앙투아네트 처형.
1794	전 프랑스령 설탕 식민지에서 노예제가 폐지되다.
1799	나폴레옹이 프랑스에서 권력을 차지하다.
1800	나폴레옹이 스페인으로부터 북아메리카의 중심지 루이지애나 영토의 통제권을 얻고 루이지애나를 이용하여 설탕 섬들에 음식과 물자를 공급할 계획을 세우다.
1802	나폴레옹, 노예제를 다시 합법적인 것으로 만들다.
1803	생 도밍그에서 별다른 수익을 얻지 못할 것이라고 판단하고 나폴레옹이 제퍼슨에게 루이지애나 영토를 팔다.
1800년대 초반	나폴레옹이 프랑스에서 사탕무 설탕을 생산하도록 사탕무 농업과 공장 건설을 독려하다.
1814	프랑스에 사탕무 설탕 제조 공장이 334곳 있었다.

아이티

1493	콜럼버스가 최초의 설탕 식물을 히스파니올라로 가져오다.
1779	생 도밍그 출신 "유색인" 군인들이 사반나 포위 공격에서 아메리카인들 편에 가담하다.
1791	악어 숲 맹세.
1793	생 도밍그에서 노예제 폐지. 영국인들이 그곳에 군대를 파병하다.
1798	영국인들이 투생에 굴복하다.
1801	투생이 생 도밍그의 모든 노예들을 해방시키다.
1802	나폴레옹의 처남이 지휘한 프랑스군이 생 도밍그 군영을 떠나다. 프랑스인에 의해 투생 체포.
1803	투생, 프랑스에서 사망하다. 생 도밍그에서 프랑스군이 항복하다.
1804	아이티 독립 선언.

영국령 북아메리카–미국

1733	당밀법Molasses Act으로 영국령 섬이 아닌 지역에서 들여오는 설탕 제품들에 세금이 부과되다. 식민지 개척자들은 일반적으로 그 법을 무시한다.
1764	설탕법Sugar Act으로 설탕 섬들과의 교역에 관한 규칙의 집행이 강화되다. 식민지 개척자들이 "대표 없는 과세"에 항의하다.
1765	인디언으로 가장한 로드아일랜드인들이 설탕법에 항의하기 위해 상선 폴리에서

	당밀 통들을 굴려 떨어뜨리다.
1773	보스턴 차 사건.
1798	존 애덤스 대통령이 투생의 동맹자 조셉 부넬Joseph Bunel과 만나다. 이는 미국 대통령이 아프리카 후손과 공식적으로 오찬을 한 최초의 사건이다.
1804	토머스 제퍼슨 대통령이 아이티를 국가로 인정하기를 거부하다.
1800년대	아이티 출신 설탕 농장주들이 루이지애나로 들어가 그곳을 설탕 주로 만들기 시작하다.
1808	미국이 영국을 좇아 노예 수입을 불법화하다.
1835	하와이에 첫 번째 설탕 농장이 건설되다.
1852	중국 노동자들이 최초로 하와이로 들어가다.
1862	에이브러햄 링컨, 아이티를 국가로 인정하다.
1863	노예해방령.
1868	일본 노동자들이 하와이에 도착하다.
1875	하와이산 설탕을 추가 비용 없이 면세로 미국으로 입하하는 것이 허가되다.

과학의 시대

1747	안드레아스 마르그라프, 사탕무 설탕이 사탕수수 설탕과 동일하다는 사실을 발견하다.
1840년대	사탕무가 우크라이나에서 주요 작물이 되다.
1852	설탕 농장에서 일하기 위해 인도인들이 나탈에 도착하기 시작하다.
1861	러시아 차르 알렉산더 2세가 농노를 해방시키다.
1879	화학 감미료 사카린이 발명되다.
1906	간디가 요하네스버그에서 대부분 설탕 노동자인 인도인들을 선도하여 평화적 수단으로 차별적 벌률에 저항하는 서약에 참여하도록 선도하다.
1965	인공 감미료 아스파탐이 발명되다.
1967	고과당 옥수수 시럽이 발명되다.
1976	수크랄로오스(스플렌다)가 발명되다.
21세기	브라질에서 많은 사탕수수 작물을 이용하여 에탄올을 생산하다.

|컬러 이미지를 보기 위한 웹 가이드|

이 책에 담긴 흑백 사진 이미지들은 많은 경우 웹사이트에서 컬러 사진으로 볼 수 있다. 이 책을 인쇄할 무렵에 접속할 수 있었던 링크를 아래에 열거한다. 이 링크들은 아마도 교사들과 보고서 작성을 위해 이미지를 찾는 학생들에게 가장 유용할 것이다. 책 한 권은 조사를 통한 여행의 산물이다. 하지만 그것이 딱 한 권이어야 할 이유는 없다.

10쪽 웹 이미지 검색을 하면 원색의 식물 그림을 얻을 수 있다. usda.gov/java/profile?symbol=SAOF. Saccharum officinarum

24쪽 여신에게 헌상되는 제물들을 포함하여 두르가의 고해상 컬러 이미지는 www.hindutempleofmichiana.org/Durga2.jpg로 접속하라.

27쪽 피르다우시의 시는 여러 방식의 회화로 표현되었다. 제왕의 서 프로젝트 웹사이트에 접속하면 이미지 6천여 장을 볼 수 있다. shahnama.caret.cam.ac.uk/shahnama/faces/user/index.

34쪽 화가 레브니의 인용 그림을 보기 위해서는 www.e-turchia.com/IMAGES/Calendario_agosto_n._2.jpg에 접속하라.

39쪽 "알로에 토막을 건져 올리는 장면"은 www.1st-art-gallery.com/Robinet-Testard/Illustration-From-The-Book-Of-Simple-Medicines-By-Mattheaus-Platearius-D.C.1161-C.1470-44.html에 게시된 그림 가운데 왼쪽 상단에 그려진 이미지다.

56~59쪽 윌리엄 클락의 작품 시리즈는 대영도서관의 카리브 해 풍경 온라인 전시에서 찾을 수 있다. www.bl.uk/onlinegallery/onlineex/carviews/p/022zzz0001786v9u0003000.html

64쪽 잭 델라노가 푸에르토리코에서 설탕 노동자들을 찍은 컬러 슬라이드는 미국 의회도서관 홈페이지 www.loc.gov/index.html에서 찾을 수 있다. 아래 서지 정보를 시작으로 다른 많은 작품들을 찾아보라.
  청구 번호:LC-USF35-403〈P&P〉[P&P]
  복제품 번호:LC-DIG-fsac-la34013 (원본 슬라이드의 디지털 파일)
           LC-USF351-403 (원본 슬라이드의 컬러 슬라이드 복사본)
  청구 번호:LC-USF35-392〈P&P〉[P&P]
  복제품 번호:LC-DIG-fsac-la34005 (원본 슬라이드의 디지털 파일)
           LC-USF351-392 (원본 슬라이드의 컬러 슬라이드 복사본)

69쪽 설탕 노예제와 관련된 음악과 무용 이미지들에 대해서는 버지니아 대학교에서 노예무역을 설명하기 위해 개발한 웹사이트 hitchcock.itc.virginia.edu/Slavery/index.php에서 온라인 이미지를 찾아보라. 그중 음악과 무용과 오락 활동 편을 살펴보라. 전체 사이트는 이 책의 주제와 관련이 있으며 읽어 볼 만한 가치가 있다. 오늘날 도미니카공화국의 설탕 노동자들에 대한 더 많은 이미지들은 http://www.thepriceofsugar.com/trailer.shtml에서 비디오 트레일러를 참고하라.

74쪽 캄페의 그림들은 www.howard.edu/library/Scholarship@Howard/Legacy/7.htm에 접속하라.

79쪽 왼쪽에 앉아 있는 스웨덴 여왕 크리스티나를 위한 연회 그림은 샌디에이고 설탕 박물관－www.sugarmuseum.org/thughes/Home.html－전시에서만 볼 수 있다.

81쪽 콜린스의 "차를 마시는 3인 가족" 그림은 collections.vam.ac.uk/item/O56103/oil-painting-a-family-of-three-at/에서 확인할 수 있다.

96쪽 아멜리 오피의 삽화를 감상하려면 대영도서관 온라인 전시관 www.bl.uk/onlinegallery/onlineex/carviewsvirtex/afrtrade/blackmanlam/012zzz000t12712u00017000.html에 접속하라.

| 주석과 출처 |

주석에 쓰인 약어

ACAS 셰리든Sheridan, "대서양 노예무역에서 아프리카와 카리브 해Africa and the Caribbean in the Atlantic Slave Trade"
B 매시니스Macinnis, 《달콤 씁쓸한 것Bittersweet》
BTC 호흐쉴트Hochschild, 《쇠사슬을 묻으라Bury the Chains》
D 함즈Harms, 《근면한 자들The Diligent》
EIC 와일드Wild, 《동인도회사The East India Company》
FCC 윌리엄스Williams, 《콜럼버스에서 카스트로까지From Columbus to Castro》
IN 에퀴아노Equiano, 《흥미진진한 이야기The Interesting Narrative》. 바크스데일Barksdale과 키너먼Kinnamon의 《미국의 흑인 작가들Black Writers of America》에 수록
MTD 버나드Burnad, 《지배와 폭정 그리고 욕망Mastery, Tyranny, and Desire》
OE 프리드먼Freedman, 《동방을 벗어나Out of the East》
RFP 커틴Curtin, 《플랜테이션 복합체의 흥망The Rise and Fall of the Plantation Complex》
ROM 반필드Banfield, 《인간의 권리, 공포의 지배The Rights of Man, the Reign of Terror》
SAC 모건Morgan과 모건Morgan, 《인장법 위기The Stamp Act Crisis》
SBH 애벗Abbott, 《설탕: 달콤 씁쓸한 역사Sugar: A Bittersweet History》
SM 폴릿Follett, 《설탕 지배자들The Sugar Masters》
SP 민츠Mintz, 《설탕과 권력Sweetness and Power》
SS 셰리든Sheridan, 《설탕과 노예제Sugar and Slavery》
TB 슈워츠Schwartz, 《열대의 바빌론들Tropical Babylons》
VS 엘티스Eltis, "대서양 횡단 노예무역의 규모와 구조The Volume and Structure of the Transatlantic Slave Trade"

본문에 담긴 지도들은 여러 출처에서 인용했다. 피터 매시니스의 《달콤 씁쓸한 것Bittersweet》(Crows Nest, Australia: Allen & Unwin, 2002, pages 3, 17, 26)과 피터 애쉬다운Peter Ashdown의 《지도로 본 카리브 해 역사Caribbean History in Maps》(Longman, Caribbean: Trinidad, 1979, pages 17, 18, 31).

18쪽   베르길리우스의 시에서 발췌한 짤막한 인용문은 꿀벌과 벌꿀에 관한 웹사이트 www.bee-hexagon.net/en/creativeexpression.htm에서 만날 수 있다. 이 로마인의 시에 흥미를 느껴 전체 시를 읽어 보고 싶을 경우 www.piney.com/Georgics.IV.html에 들어가 보라.

19쪽   쇼쇼니족 추장의 일화는 스티븐 앰브로스Stephen Ambrose의 《불굴의 용기Undaunted Courage》 281쪽에서 인용.

21쪽   알렉산더와 인도, 네아르쿠스의 이야기는 설탕의 역사를 다룬 모든 책에 서술되어 있다. SP 20쪽에서 저자는 그 특별한 갈대가 사탕수수였는지 의문을 제기한다. 그러한 요약 내용을 넘어서 연구 조사를 한 걸음 진전시키기 위해 우리는 "네아르쿠스, 인도에서 아라비아반도로 향하는 바닷길을 발견하다Nearchus Discovers a Sea Route from India to the Arabian Peninsula"(www.bookrags.com/research/nearchus-discovers-a-sea-route-from-scit-011/)를 검토했다. 이 소논문은 읽기 쉽고 짤막하며 정보가 풍부하다. 거기서 우리는 (네아르쿠스 사후 300년이 지난 시점인) 기원전 1세기와 기원후 1세기 사이에 생존했던 로마 지리학자 스트라보Strabo의 저서에 네아르쿠스가 실제로 언급되었던 사실을 알게 되었다. 스트라보(그 자신은 기원후 77년에 발간된 대大 플리니우스Pliny the Elder에 기술되어 있다.)에 대해서는 존 험프리John W. Humphrey 등의 저서 《그리스와 로마의 기술Greek and Roman Technology》 165쪽 참조. 혹은 유용한 "고대 역사 원전 사료Ancient History Sourcebook" 사이트로 들어가 스트라보의 전집 제15권 《인도에 대하여On India》 제20장을 읽어 보라. www.fordham.edu/halsall/ancient/strabo-geog-book15-india.html. 많은 곳에서 발견될 수 있는 짧은 인용문에도 사실은 좀 더 길고 다층적인 이야기가 있다.

23쪽   사람들이 하와이 섬들에 언제 처음 이주해 왔는지 학자들 사이에 이견이 있지만 인터넷 자료들을 살펴보면 기원후 300년에서 1000년 사이로 추정하며 이 견해가 동의를 얻어 가고 있다. 데이비드 버니 교수는 자신이 공동 집필한 "쿠아이이의 석탄층과 인류 이주 연대 측정Charcoal Stratigraphies for Kuai'i and the Timing of Human Arrival"을 우리에게 소개해 주었다. 그 논문에 따르면 물리적 증거는 하와이로의 이주가 1100년 경 이후에 일어났음을 가리킨다.

24쪽   《아타르바베다》는 설탕 이야기에 관한 모든 개설서에 나온다. 하지만 우리는 더 많은 것을 알고 싶었다. 조사를 거듭한 끝에 우리는 《미국 문헌학 연구American Journal of Philology》에 실린 마군H.W. Magoun의 논문 "아수리-칼파: 아타르바베다의 마법 의식儀式 The Asuri-Kalpa: A Witchcraft Practice of the Atharva-Veda"을 찾았다. 매우 깊이가 있고 학술적인 이 논문 덕분에 우리는 의례에서 설탕이 어떻게 쓰였는지 보다 구체적인 지식을 얻을 수 있었다. 일리노이 웨슬레이언 대학의 종교학과장이자 다양한 인도어 학자인 브라이언 해처Brian Hatcher 교수는 친절하게도 설탕과 관련된 두 산스크리트어 용어의 번역을 확인해 주었다.

26쪽　준디 샤푸르는 모든 표준적 역사서에 서술되어 있다. 이 대학에 관해 많은 것을 알고 싶었지만 우리는 그리 많은 행운을 누리지 못했다. 우리는 마누체흐르 사아다트 누리Manouchehr Saadat Noury가 개설한 "이란 최초의 학술 유적: 준디 샤푸르First Iranian Academic Site: Jundishapur" http://www.iranian.com/main/blog/m-saadat-noury/first-iranian-academic-site-jundishapur 등 페르시아 역사를 이해하는 데 전념하고 있는 웹사이트에서 논문 몇 편을 찾았다. 준디 샤푸르는 www.muslimheritage.com/topics/default.cfm?ArticleID=679 등 이슬람 의학사에 관한 많은 논문들과, 웹사이트, 도서들에 언급되어 있다. 그것은 또한 네스토리우스파 기독교의 역사에서도 나온다. www.everyculture.com/Africa-Middle-East/Nestorians-History-and-Cultural-Relations.html 등을 참조. 2005년에 작성된 한 웹사이트는 미국과 이란의 고고학자들이 해당 유적에 대해 공동으로 작업하고 있다고 언급했다. 하지만 우리는 그 이후에 나온 이 발굴 성과물을 확인할 수 없었다. 양국 간 긴장 관계 때문에 연구 조사가 중단되었던 것 같다. www.cais-soas.com/News/2005/June2005/12-06-iranian.htm을 또한 참조.
1500년 전 세계 문화가 형성된 곳을 조사하고 싶은 열정적 독자라면 누구나 준디 샤푸르에서 풍부한 주제를 찾을 수 있을 것이다. 준디 샤푸르에 대해 믿기 어려운 왜곡의 시선을 보낸 글이 있다. 훌륭한 교육자이면서 다른 한편 몽상가이기도 한 루돌프 슈타이너Rudolph Steiner는 나중에 그것에 연관된 사람들을 신격화시키면서 준디 샤푸르가 인간성에 어두운 영향을 끼쳤다고 주장했다. 우리는 대학교를 학자들을 위한 중요한 회합의 장소로 이해했다는 그의 주장에 회의적이다. 하지만 1920년대를 살아간 그는 제1차 세계대전에 수많은 죽음을 남긴 관념적이며 무자비한 합리성을 어두운 요소의 하나로 간주하고 준디 샤푸르가 그러한 관점을 지녔던 장소였다는 환상을 만들어 냈다. 설탕의 실타래를 따르다 보면 호기심을 좇다 엉뚱한 샛길로 빠진 사례를 또 하나 만날 것이다.

28쪽　샤르카라에 대해서는 B, 5~7쪽을 참조. 꿀풀과 식물 세이버리savory의 맛에 대해서는 OE, 12~28쪽을 참조.

30쪽　숫자의 역사에 관심이 있는 사람은 칼 메닝거Karl Menninger의 《숫자 언어와 숫자 기호들Number

Words and Number Symbols》에 도전해 보라. 이 책은 성인 및 대학 수준으로 씌어졌지만 바라보기만 해도 경탄할 만한 삽화들과 사진들로 채워져 있다. 인도·아랍의 숫자들과 유럽으로의 전파에 대해서는 406~445쪽을 참조.

31쪽 이집트의 "가장 하얗고 깨끗한" 설탕에 대해서는 스트롱L.A.G. Strong의《설탕 이야기The Story of Sugar》59쪽을 참조. 이 책은 읽을 가치가 있는 성인 대상 역사서이며 배경 지식을 쌓는 데 유용하다. 마르코 폴로에 대해서는 그의《여행기The Travels》233쪽을 참조.

32쪽 이 페이지는 OE를 많이 참조했다. 저자는 3쪽에서 향신료와 상한 고기를 둘러싼 신화에 이의를 제기한다.

35쪽 샹파뉴 시장들에 대해서는 장 파비에르Jean Favier의《황금과 향신료Gold and Spices》26~27쪽과 부아소나드P. Boissonnade의《중세 유럽에서의 생활과 노동Life and Work in Medieval Europe》171~172쪽을 참조. 무슬림들이 명명한 직물 이름들에 관해서는 앙리 피렌Henri Pirenne의《중세 유럽 사회 경제사Economic and Social History of Medieval Europe》143쪽 참조. 중세 유럽의 향신료 무역에 대해서는 141~143쪽을 참조. 우리는 구독자를 대상으로 원문 전체를 제공하는 온라인 도서관인 케스티아Questia를 이용하여 이들 3권 이외에 더 많은 책들을 찾았다. 그것들은 성인을 대상으로 한 오래된 책들이었지만 다른 책들에는 없는 여러 가지 세부 사항들을 제공한다. 준디 샤푸르에 이어 샹파뉴 시장은 우리가 이 책을 쓰려고 조사하는 과정에서 발견한 가장 흥미롭고 예기치 못했던 뜻밖의 소득이자, 미래의 연구를 위한 대로와 같았다.

36쪽 OE는 프랑스 왕 루이 9세의 14세기 자서전을 집필한 작가 장 드 주앵빌을 89쪽에 인용하고 있다. "멋지고 새하얀 설탕"에 대한 16세기 의사 타베르나에몽타누스Tabernaemontanus의 설명은 리처드 펠토Richard Feltoe의《붉은 길: 어느 설탕 집의 역사Redpath: The History of a Sugar House》를 참조. SP는 82쪽에 앙리 3세와 설탕 몇 파운드를 좇는 그의 일화를 이야기한다. 다른 한편, 문헌 연구를 기초로 한 것으로 보이는 웹사이트 maggierose.20megsfree.com/sugar.html은 설탕이 앙리의 일화에서 보이는 것만큼 그렇게까지 진귀하거나 비싸지는 않았다고 주장한다.

38쪽 십자군과 설탕에 대한 설명은 스튜어트 슈워츠가 편집한《열대의 바빌론들Tropical Babylons》(이하 TB)에서 윌리엄 필립스 주니어William D. Phillips Jr.의 "이베리아반도의 설탕Sugar in Iberia" 31~32쪽을 참조. 이 책은 각 장별로 다른 학자가 작업을 한 매우 수준 높은 학술서이다. 그것은 인용문을 확인하고 많은 개설서에서 반복되는 잘못되었거나 시대착오적인 관점을 수정하는 데 가장 유용했다.

40쪽 수확한 사탕수수를 신속히 가공해야 하는 설탕의 특성은 모든 연구 문헌에서 논의되어 있다. 일부 도서는 식물학적 문제로 신속하고 완전하게 사탕수수를 분쇄할 필요성을 다루는 반면, 다른 도서들은 그렇게 빠른 속도가 절대적으로 필요한지에 대해 회의를 품는다. 사탕수수를 수확한 후 빻고 끓이는 과정을 신속히 진행해야 하는 경제적 이유를 간명하게 잘 요약한 것으로 필립 커튼이 쓴 《플랜테이션 복합체의 흥망The Rise and Fall of the Plantation Complex》(이하 RFP) 4~5쪽을 들 수 있다. SP와 마찬가지로 이 책은 설탕과 노예 관련 주제를 독립 연구할 때 파악할 필요가 있는 필수 도서 가운데 하나로 손꼽을 수 있다. 대학 수준의 독자를 대상으로 한 것이지만 탐구 의욕이 넘치는 고등학생도 별다른 어려움 없이 파고들 수 있을 만큼 간결하고 깔끔하게 잘 서술되어 있다.

41쪽 커튼의 RFP는 10~13쪽에서 농업의 새로운 형태로서 설탕 플랜테이션의 운영 방법을 개괄한다.

43쪽 설탕은 종종 "하얀 금"으로 불렸다. TB에 실린 알베르토 비에이라Alberto Vieira의 "설탕 섬Sugar Islands"을 참조.

46쪽 신세계에서 잇달아 설탕 재배 지역이 확대되는 상황에 대해서는 SP 32~39쪽과 RFP 73~85쪽에 요약되어 있다. 상당히 많은 학술 연구자들이 노예의 통계를 추적하는 데 심혈을 기울였고 이는 함께 검토할 만한 영역이다. 브라질로 보내진 아프리카인들의 숫자에 대해서는 portal.unesco.org/ci/en/ev.php-URL_ID=8161&URL_DO=DO_TOPIC&URL_SECTION=201.html을 참조. 노예무역은 영국과 미국에서 폐지된 후에도 19세기에도 줄곧 지속되었기 때문에 브라질의 통계는 왜곡되어 있다. 하지만 그 점을 고려하더라도 다른 어떤 지역보다도 더 많은 아프리카인들이 브라질로 보내졌다.

49쪽 SP는 16~18쪽에서 단맛을 향한 인간의 보편적 애호를 논의한다.

49쪽 우리는 마리나가 대학 시절에 샀던 인명 소사전인 리처드 바크스데일Richard Barksdale과 케네스 키너먼Kenneth Kinnamon이 편집, 출간한 《미국의 흑인 작가들Black Writers of America》에 수록된 《올라우다 에퀴아노, 즉 아프리카인 구스타부스 바사의 삶에 관한 흥미진진한 이야기The Interesting Narrative of the Life of Olaudah Equiano, or Gustavus Vassa, the African》(이하 IN)를 이용했다. 에퀴아노가 자신의 주장처럼 정말로 아프리카에서 출생했는지, 혹은 어쩌면 사우스캐롤라이나에서 태어났는지에 대해 학자들 사이에 논쟁이 있다. 아직 결론이 나지 않은 논쟁은 본 필자들이 종종 이용했고 모방하고 싶은 저술의 모범을 보여 주는 아주 쉽게 잘 읽히는 연구서인 아담 호흐쉴트Adam Hochschild의 《쇠사슬을 묻으라Bury the Chains》(이하 BTC)에 깔끔하게 정리되어 있다. 369~372쪽의 부록 참조. 에퀴아노의 출생지는 여전히 불분명하지만 카리브 해 노예로 산 그의 생애는 의문의 여지가 없다.

50쪽 "우리는 …… 감금되어 있었다." 이하 인용문은 IN 21쪽을 참조.

50쪽 설탕 순환은 모든 신세계 설탕 재배지에서 유사했기 때문에 우리는 가장 생생한 설명과 인용을 찾아 자료를 분류했다. 리처드 셰리든Richard Sheridan의 논문 〈대서양 노예무역에서 아프리카와 카리브해Africa and the Caribbean in the Atlantic Slave Trade〉(이하 ACAS)와 SBH는 안티과에서 설탕 순환을 담은 동일한 이미지를 사용하고 우리는 그것을 이 책에서 재사용한다. 사탕수수 파종을 위해 하루에 파야 할 구멍 숫자는 SBY 83쪽을 참조.

51쪽 이하 (토막 지식:"구면체 교역") 비크만과 식민지 뉴욕에서의 설탕에 대해서는 에드윈 버로스Edwin Burrows와 마이크 월리스Mike Wallace의 《고섬Gotham》 118~137쪽을 참고.
마크는 이 책을 쓰기 위해 조사하는 동안 인도산 직물을 둘러싼 소위 삼각무역 양상을 파악하는 데 어려움을 겪었다. 로버트 함즈Robert Harms의 《근면한 자들The Diligent》(이하 D)은 노예무역을 묘사하기 위한 방법 중 하나로 1731년 노예 운송을 주도한 프랑스인 장교의 일기를 이용한다. 마크는 그 배경과 이야기를 찾고자 그것을 읽었다. 함즈의 책 81쪽에서 노예를 구매하기 위해 프랑스에서 아프리카로 이동한 배에 실린 화물의 40퍼센트가 인도산 직물이나 (인도 근처) 몰디브 섬들에서 생산된 조가비라는 사실을 알게 되었다. 1600년대와 1700년대 인도산 직물 교역의 역사를 좀 더 조사한 결과 이 비율은 다른 유럽 국가들의 선박에 전형적으로 나타난 것이었고 인도인들은 직물 값을 은으로 지불받기를 좋아했다는 사실이 밝혀졌다. 반면, 노예무역 연구의 대가 허버트 클라인Herbert Klein은 TB 222쪽에서 표준 삼각무역에서 아메리카에서 유럽으로 회항하는 교역로는 예외적으로 그 규칙에 맞지 않았다고 지적한다. 유럽 선박들은 설탕 섬들에서 곧바로 유럽 항구로 돌아갔던 반면, 다른 선박들은 북아메리카에서 항해를 마쳤다. 선원 대부분이 그곳에 남았고 선장과 선원 몇 명만이 대서양을 건너 유럽으로 돌아갔다.

52쪽 "노예들이 사는 움막들에는" 이하 인용문은 OE 26쪽을 참조. 설탕 노동을 다룬 또 다른 수준 높은 연구물은 SBH 80~99쪽을 참고. 자메이카에서 들쥐의 개체 수는 83쪽에서 확인된다. "돼지고기 일당hogmeat gang"은 SBH 82쪽을 참조.

53쪽 설탕 제조장에 대한 축복에 대해서는 1689년의 보고서와 좀 더 일반적으로는 TB 176~180쪽에 브라질의 설탕 제조 공정 전체를 설명한 자료를 참고. 영국령 섬들에 근거한 유사한 설명은 리처드 셰리든 《설탕과 노예제Sugar and Slavery》(이하 SS) 112~118쪽을 참조. 2개 절이 거의 동일한 주제를 다루고 있는데, 슈워츠는 의도적으로 셰리든의 유명한 선행 연구를 되풀이 인용했다. 하지만 그것은 또한 신세계 플랜테이션에서 설탕 노동에 나타나는 공통적 현상에 대한 우리의 관점을 증명한다. 논문

ACAS는 사실 역사가들을 위한 잡지에서 저자가 《설탕과 노예제》를 요약한 것이다. 셰리든의 저서는 정보가 풍부할 뿐만 아니라 대단히 읽기 쉽다.

54쪽 "지옥의 모습" 운운하는 인용문은 TB 3쪽을 참조. "거대한 주둥이들"에 대해서는 179쪽을 참조.

55쪽 "보일러"에 관해서는 SS 115쪽을 참조. "건조장의 어머니들"에 대해서는 TB 179쪽을 참조.

68쪽 자신의 연구와 무용수들과 고수들과의 토의를 바탕으로 얻은 봄바에 대한 영감들을 제공해 준 레이철 매트슨 박사에게 감사를 전한다. 호기심 많은 독자들은 유튜브에서 봄바와 마쿨렐레를 둘러 볼 수 있을 것이다. 우리는 또한 내셔널지오그래픽 세계 음악 사이트 http://worldmusic.nationalgeographic.com/view/page.basic/genre/content.genre/bomba_696/en_US에서 봄바에 관한 도입부를 이용했다.

69쪽 벤 라피두스Ben Lapidus 교수는 노예제와 연계된 룸바에 대해 설명해 주고 인용된 노래의 가사를 제공해 주었다.

70쪽 (팔마레스:마룬 왕국): 팔마레스에 대해서는 www.brazil-brasil.com/cvroct95.htm을 참조. 이것은 브라질에 관한 잡지에서 가져온 읽기 쉽고 정보가 풍부한 논문이다. 우리는 또한 페드로 파울로 푸나리Pedro Paulo Funari 등이 편집한 《역사적 고고학Historical Archaeology》의 308~349쪽을 인용했다. 그 글은 구술과 문헌 형태로 전해 내려온 팔마레스의 역사를 고고학이 어떻게 조명하는지를 보여 주었다. 마룬인들에 대해서 우리는 스미스소니언 협회에서 개발한 자료들이 풍부한 웹사이트 www.folklife.si.edu/resources/maroon/presentation.htm의 "창조와 저항: 아메리카 대륙에서 마룬 문화Creativity and Resistance: Maroon Cultures in the Americas"를 탐구해 볼 것을 강력히 추천한다. 설탕과 노예제를 연구하는 훌륭한 학자인 리처드 프라이스Richard Price는 우리가 매우 유용하다고 여겼던 사이트-www.folklife.si.edu/resources/maroon/educational_guide/23.htm-의 교사 길라잡이에 논문 한 편("마룬들: 아메리카 대륙에서 반란 노예들Maroons: Rebel Slaves in the Americas"-옮긴이 주)을 게시하고 있다. 프라이스는 마룬인들이 고향으로 여겼던 "칵피트 컨트리cockpit country(닭 볏의 땅)"과 기타 접근하기 어려운 지역들을 언급한다.

72쪽 시슬우드에 대해서 노예제 전문가 아이라 벌린Ira Berlin의 서평(〈그들 세계의 주인들Masters of Their Universe〉, 《네이션The Nation》, 2004년 11월. www.thenation.com/doc/20041129/berlin에서 입수 가능.)은 4쪽에서 시슬우드를 돈 많은 농장주로 버지니아에 그의 일기가 남아 있는 랜든 카터Landon Carter와 비교한다. 이 서평은 짧막하면서도 통찰력 있게 시슬우드와, 더 일반적인 관점에서 설탕 섬들 안에서 그 감독관의 지위를 소개하고 있다. 벌린은 시슬우드의 일기를 꼼꼼하게 검토한 트레버 버나드Trevor Burnad의 저서 《지배와 폭정 그리고 욕망Mastery, Tyranny, and Desire》(이하 MTD)를 서평했다. 설탕 섬들에서의 잔혹한 삶을 담은 사진들을 마음껏 보고 싶은 사람들은 이 책을 알아야 한다. 더글러스 홀Douglas Hall의 《비참한 노예 신분에서In Miserable Slavery》는 시슬우드의 일기를 기초로 씌어진 것으로 우리에게 유용한 자료의 하나였다. 자메이카 인구 통계에 대해서는 xxi쪽을 참조. "이들 감독관들은"이 포함된 인용문은 IN 26쪽을 참조.

73~75쪽 1994년 소설을 영화로 만든 〈맨즈필드 공원〉은 설탕 노예제와 시슬우드를 연계하여 이야기 중심의 영상으로 이해하려고 이 책에 포함시켰다. 이 영화는 훌륭한 학습 도구가 될 수 있지만 몇몇 장면은 기탄없이 당시 실상을 보여 준다.

75쪽 설탕 섬에 도착하던 당시 시슬우드의 경험에 대해서는 MTD 3쪽을 참조. "그에게 재갈을 물리고" 이하 인용문은 104쪽을 참조.

77쪽 "이 경우 백인들이" 이하 인용문은 IN 27쪽을 참조.

77쪽 인용된 액턴의 글은 영어 원문-"Power tends to corrupt, and absolute power corrupts absolutely."-을 복사하여 검색엔진에서 검색해 볼 수 있다. 이 인용문은 유명한 인용문들을 수록한 모든 책에 포함되어 있다. www.quotationspage.com/quote/27321.html에서 검색해 보라.

77쪽 "죽은 자들의 빈자리를"이 포함된 문장은 IN 27쪽을 참조. 미국 국경 안에 존재했던 노예제만을 알고 있던 독자들은 대서양 노예무역의 수치를 보고 깜짝 놀랄 것이다. 하지만 그것은 카리브 해와 브라질에 관한 책을 읽은 사람에게는 널리 알려져 있다. 1519에서 1867까지 대서양 노예무역에 관한 면밀한 최신 분석에 대해서는 데이비드 엘티스의 논문 〈대서양 횡단 노예무역의 규모와 구조 The Volume and Structure of the Transatlantic Slave Trade〉(이하 VS)의 '표 III'을 참조하라. 수업 내용을 미국의 영토적 범위를 넘어 확장할 필요가 있다고 인정하는 교사들은 데이비드 엘티스의 보다 방대한 연구인 《아메리카 대륙에서 아프리카인 노예의 성장The Rise of African Slavery in the Americas》과, 존 손턴John Thornton의 《대서양 세계의 형성에서 아프리카와 아프리카인, 1400~1800Africa and Africans in the Making of the Atlantic World, 1400~1800》을 알아야 한다. 손턴의 저서는 백인 습격자들에 의해 무기력하게 노예가 된 아프리카인들에 대한 낡은 관점에 도전하고, 대신에 대양을 끼고 두 대륙에서 나타난 노예제의 모든 양상에 관계된 아프리카인들에 대한 다각적인 관점을 제시했다.

78쪽   1565년 결혼식에 대해서는 앤터니 와일드Antony Wild의 저서 《동인도회사The East India Company》(이하 EIC) 31쪽을 참조. 삽화가 풍부한 이 책은 독자들이 세계사 안에서 차와 그 생산 지역을 연구하기 위한 아주 좋은 출발점이다. 영국에서 차 음용의 확산에 대해서는 40쪽을 참조. 미국인의 차 음용에 대해서는 144쪽을 참조. 새로 등장한 뜨거운 음료 세 가지(차, 커피와 코코아)와, 이들 음료를 음용할 때 설탕이 필요한 까닭에 대해서는 SP 108~109쪽을 참조.

80쪽   1700~1809년 사이에 영국에서 설탕 소비 증가 현상에 관한 그래프는 SP 67쪽을 참조.

82쪽   "맥주를 마시는 중하층 사회의" 이하 인용문은 SP 114쪽을 참조. 영국에서 설탕, 노예제, 산업혁명을 논의한 단락은 학자들 사이에 뜨거운 토의와 논쟁을 요약한 것이다. 유명한 카리브 해 전공 역사학자 에릭 윌리엄즈Eric Williams와 함께 시작된 이 논쟁을 교육적으로 잘 활용할 수 있다. 《자본주의와 노예제Capitalism and Slavery》에서 윌리엄즈는 아프리카인들을 노예화함으로써 영국이 경제 발전의 다음 단계를 선도하게 되는 부를 획득한 점에서 산업혁명은 실제로는 또 다른 형태의 절도였다고 주장했다. 우리는 그의 저서 《콜럼버스에서 카스트로까지From Columbus to Castro》(이하 FCC)를 참고했다. 이 책은 출간된 지 다소 오래되었지만 카리브 해 전역에 대해 읽기 쉬우면서도 서술 정보에 근거한 관점을 제시하고 있다. 이후 학자들은 윌리엄즈의 주장에 도전했다. 가장 최근에 조셉 이니코리Joseph Inikori는 윌리엄즈의 이론을 둘러싼 논쟁 전 영역을 충실하고 꼼꼼하게 설명한 후 설탕과 노예제, 산업혁명 간의 연결 관계에 대한 자신의 새로운 관점을 개진했다. 이니코리 박사는 신세계에서 노예노동 생산품을 포함하여 대서양을 넘나드는 상업 세계가 어떻게 새로운 시장, 새로운 교역 관계, 새로운 수입을 창조했는지를 보여 준다. 그 덕분에 영국의 특정 지역의 공장들은 직물 제조에 집중할 수 있었다. 그는 친절하게 《미국 경제 비평American Economic Review》에 실린 〈노예제와 대서양 상업, 1650~1800Slavery and Atlantic Commerce, 1650~1800〉과 그의 《아프리카인과 영국에서 산업혁명Africans and the Industrial Revolution in England》을 소개해 주었다. 우리가 여기서 추적한 논쟁은 그의 연구에서 파악한 것을 아주 간결하게 개괄한 것이다.

83쪽   차와 설탕을 산업혁명과 연결시키는 것은 SP의 핵심 주제다. 130~131쪽에서 그 요약 내용을 참조.

84~85쪽   1800~1900년에 세계 설탕 생산에 대해서는 SP 73쪽을 참조. 영국에서 평균 설탕 소비에 대해서는 영국 일간지 〈가디언Guardian〉에 실린 펠리시티 로렌스Felicity Lawrence의 〈설탕의 질주Sugar Rush〉를 참조. 미국에서 설탕 소비에 대해서는 스티븐 헤일리Stephen Haley 등의 〈미국에서 감미료 소비Sweetener Consumption in the United States〉(미국 농업국 연구 보고서 SSS 243-01)를 참조. 이 보고서는

www.ers.usda.gov에서 구독할 수 있다.

87쪽 폴린은 결혼 전의 성씨로 잘 알려져 있지만 우리는 혼란을 피하기 위해 그것을 생략했다. 우리는 그녀의 일화와 피에르 르메르Pierre Lemerre the Younger의 일화를 D 6~28쪽에서 찾았다. 이 당시 노예제와 자유가 얽힌 이야기에 관한 수준 높은 학술 연구는 데이비드 브라이언 데이비스David Brion Davis의 저서 《혁명의 시대에서 노예제의 문제 1770~1823 The Problem of Slavery in the Age of Revolution 1770~1823》를 들 수 있다. 이 책은 핵심적인 책이다. 이를 이용하여 주요 쟁점과 일화들, 사상들을 조사할 수 있다. 데이비스 박사는 노예 폐지론자의 동기를 둘러싼 문제에 대해 토머스 해스컬Thomas Haskell 교수에 의해 도전을 받았다. 역사 해석을 둘러싼 그들의 숨 막히는 대립은 토머스 벤더Thomas Bender가 편집한 《반노예제 논쟁The Antislavery Debate》으로 출판되었다.

89쪽 미국 혁명을 유발한 설탕법의 지위는 에드먼드 모건Edmund Morgan과 헬렌 모건Helen Morgan의 《인장법 위기The Stamp Act Crisis》(이하 SAC)에서 발견할 수 있다. 폴리 일화는 41~53쪽에 잘 서술되어 있다. 더 깊이 탐구하고자 하는 독자가 읽을 만한 가치가 있는 책이다.

90쪽 벡포드와 그의 재산, 별명, 영향력에 대해서는 BTC 139쪽과 FCC 132, 135, 223쪽을 참조.

92쪽 "만약 세금이" 이하 인용문은 SAC 35쪽을 참조.

93~95쪽 노예무역을 종식하고 영국에서 노예제를 폐지하기 위한 노력을 다룬 감동적인 이야기는 BTC에 눈부실 정도로 잘 묘사되어 있다. 이것은 누구나 볼 수 있고 또 봐야 하는 책으로, 어쩌면 앤더슨M.T. Anderson의 명작 소설 《옥타비안 나싱Octavian Nothing》 시리즈에 필적할 만하다. "한 가지 생각이" 이하 인용문은 BTC 89쪽을 참고. "낮에는" 이하 인용문은 88쪽 참조. 2007년도는 영국에서 노예제가 폐지된 지 200주년이었고 영국의 많은 박물관들은 노예제, 설탕, 노예 폐지와 관련된 전시를 열었다. 그 박물관들의 웹사이트들은 역사적 배경과 눈여겨볼 만한 전시물 등 교사와 학생들을 위한 자료들을 포함하여 풍부한 자료를 갖고 있다. 예컨대 slavetrade.parliament.uk/slavetrade/learning과 그 사이트에 연결된 www.understandingslavery.com을 접속해 보라. 독자들은 이 사이트들에서 배울 만한 점을 많이 발견할 수 있다. 또한 학자들 사이의 논쟁을 관통하며 영국에서 노예 폐지를 명쾌하고 상세하게 설명한 프레더릭 더글러스 도서상Frederick Douglass Book Prize 수상 학술서인 시모어 드레셔Seymour Drescher의 《거대한 실험The Mighty Experiment》를 보라.

95쪽 "피로 단맛을 낸 음료"에 대해서는 BTC 194쪽을 참조. 불매운동에 대해서는 BTC 192~195쪽을 참조. "자유민들FREEMEN" 이하 인용문에 대해서는 BTC 194쪽을 참고.

97~99쪽 1980년대 말 마크는 청소년 도서 《인간의 권리, 공포의 지배The Rights of Man, the Reign of Terror》(이하 ROM)를 저술한 수전 반필드Susan Banfield와 함께 일하는 크나큰 행운을 누렸다. 프랑스혁명의 역사를 들려주면서 수전은 프랑스 역사에서 다양한 정권들이 노예제 문제를 어떻게 대처했는지를 꼼꼼히 추적하도록 도와주었다. 그 책에 수록된 수많은 연표들 덕분에 이 책에서 우리는 그 문제를 개괄하기 쉬웠다. "인간은 태어난 순간부터" 이하 인용문은 52쪽을 참조.

100쪽 아이티 역사는 쉽게 접근하기 어려울 수 있다. 성장기 동안에 마크는 예컨대, 리처드 할리버튼Richard Halliburton의 공상 여행 소설들에서 투생과 앙리 크리스토프Henri Christophe에 관한 영웅적 이야기나 적어도 충분히 잔인하면서 가슴 졸이게 하던 이야기들을 읽었다. 하지만 학자들은 입증과 해석이 매우 어려웠던 것들에서 벗어나 아이티에 관한 많은 신화들을 분리해 냈다. 궁극적으로 노예화된 아프리카인들은 자유를 위해 투쟁하는 한, 자유의 문제는 모든 의미에서 흑백의 문제와는 거리가 멀었다. 이들 집단에는 때로 노예를 소유한 유색인들, 프랑스로부터 더 많은 독립을 원하든 원하지 않든 무관하게 아이티 현지에 살았던 백인들, 스페인들, 프랑스 군주제 지지자들, 프랑스인 혁명가들이 포함되었다. 소설가 매디슨 스마트 벨Madison Smartt Bell은 성인을 대상으로 한 전기문 《투생 루베르튀르Toussaint Louverture》를 집필했다. 그 책은 모든 집단들을 정확하게 보여 주고자 했지만 따라가기가 벅찬 책이다. 투생의 반란을 다룬 BTC의 매력적인 글은 우리의 목적에 맞는 가장 훌륭한 자료였다. "우리 모두의 심장에서"와 "넓은 돛을 단 배처럼"이 포함된 인용문은 257쪽을 참조.

101쪽 자메이카의 노예들의 노래는 저넷 마크스Jeannette Marks의 《배럿 가문The Family of the Barret》 268쪽을 참조. 그것은 또한 SBH 84쪽에 다른 맥락에서 인용되어 있다.

101쪽 "우리가 마주한 식탁에서" 이하 인용문은 두보이스Dubois와 스콧Scott의 저서 《검은 대서양의 기원Origins of the Black Atlantic》에 실린 리처드 셰리든의 〈1776년 자메이카 노예 폭동의 공포와 미국 혁명The Jamaican Slave Insurrection Scare of 1776 and the American Revolution〉을 참조. 흑인 선원들의 역할에 대해서는 같은 책에서 율리우스 스콧Julius Scott의 〈외국 선박 바닥 안의 검둥이들: 선원, 노예, 그리고 소통'Negroes in Foreign Bottoms': Sailors, Slaves and Communication〉을 참조.
현대 자메이카에 잔존하는 마룬 공동체들에서 녹음된 음악 샘플을 듣기 위해서는 스미스소니언 민속 웹사이트에 들어가 "저항의 북소리들Drums of Defiance"을 시작으로 여러 샘플들을 들어 보기 바란다. www.folkways.si.edu/albumdetails.aspx?itemid=2310.

103쪽 "자유와 평화라는" 이하 인용문은 BTC 268쪽을 참조.

103쪽 아이티 전사들의 아프리카 배경에 대해서는 BTC 271쪽을 참고.

103쪽 "우리는 지구상에서" 이하 문장은 BTC 278쪽을 참조.

106쪽 "뭔가 조치를 취하지 않으면" 이하 인용문은 토머스 벤더Thomas Bender의 저서 《민족들 안의 민족A Nation Among Nations》 109쪽을 참조. 벤더 박사는 대학원에서 마크의 지도 교수였으며 미국사와 세계사를 함께 엮는 데 지속적인 영감을 주었다. 이 책에서 많은 유용한 실마리들과 견해들과 자료들을 찾을 수 있을 것이다.
중학교 1학년생인 짐 톰슨Jim Thomson이 쓴 뛰어난 논문은 미국과 아이티 혁명 사이에 연관성을 연구하기 위한 훌륭한 출발점이다. 이 논문은 2000년 미국 역사의 날 기념 백일장 청소년 경쟁 부문에서 상을 받았다. 그의 논문 〈아이티 혁명과 아메리카의 날조The Haitian Revolution and the Forging of America〉는 《역사 교사The History Teacher》에 실렸다.

108쪽 "인체 거래를 지속하는 행위에" 이하 인용문은 BTC 305쪽을 참조. "신께서는 사람들의 마음을 돌릴 수 있다."는 동일 페이지에 수록되어 있다. "국민 정서"에 대해서는 307쪽 참조.

109~110쪽 엘런 베츠에 대해서는 보트킨B. A. Botkin이 편집한 《내 짐을 내려놓아요Lay My Burden Down》 127쪽을 참조. 이 책은 한때 노예였던 이들의 회상을 1930년대 채록하여 모은 것이다. 역사가들은 이것들이 60여 년 전부터 겪은 경험과 사건들을 다시 구술한 노인들의 말이라고 강조하는데, 그들의 목소리를 듣기 위한 값진 자료다. 현재 www.lib.lsu.edu/special/exhibits/e-exhibits/sugar/index.html에서 "Sugar At LSU: Cultivating a Sweeter Future"를 이용할 수 있다. 이 웹사이트는 1차 문헌 사료와 이미지들을 제공함과 동시에, 루이지애나에서 설탕의 역사를 이해하기 위한 수준 높은 웹사이트이다. 그것은 루이지애나 주립 대학에서 주최한 전시에 기초한 것이다. 루이지애나에서 설탕과 노예제 역사를 좀 더 많이 알고자 하는 독자들은 리처드 폴릿의 《설탕 지배자들The Sugar Masters》(이하 SM)을 알아야 한다. 많은 학술서들처럼 그것은 개인적 일화들과 구하기 대단히 어려운 세부 자료를 포함하고 있다. 세실 조지에 대해서는 46쪽을 참조.

111쪽 "젖먹이 부대"(폴릿의 용어)에 대해서는 SM 98쪽을 참고.

112쪽 "모든 주인들은" 이하 인용문은 SM 67쪽을 참조. "지난 일요일" 이하 인용문은 69쪽을 참조.

114쪽 이하 "홀레홀레 부시"는 프랭클린 오도 박사가 번역해 주었다. 이들 홀레홀레 부시는 곧 출간된 예정인 책 《사탕수수 밭에서 들려오는 목소리Voices from the Canefields》에 담길 것이다. 이 책은 해리 우라타Harry Urata가 수집하고 오도 박사가 번역한 노래들로 구성된다. 그것은 DVD도 같이 출시될 것이므로 여러분은 옛날 사람들이 그 노래들을 노래하는 것을 들을 수 있다. 1995년 제작된 장편 영화 "사진 신부Picture Bride"는 하와이의 설탕 노동자들에 관한 면밀한 연구를 바탕으로 하고 있으며 고등학생들을 위한 훌륭한 교수 자료로 이용될 만하다(일부 사건들은 감정적으로 왜곡되었으며 일부 노래는 해학적이면서도 다소 호색적이다). 더욱이 영화와 함께 제작된 웹사이트 www.picturebridemovie.com은 여전히 접속 가능하며 학생들과 교사들에게 모두 유용할 만한 소논문과 역사적 배경을 다루고 있다.
인터넷은 인도인 노역 계약 노동자들을 탐구하는 여러 방법을 제공한다. www.indocaribbeanheritage.com/component/option.com_zoom/Itemid.76/catid.2/PageNo.3/에서 조사 활동을 시작할 수 있다. 유튜브 비디오들은 다음과 같다.
www.youtube.com/watch?v=YpxCZRIIJTI&feature=related(유튜브 제목 "Early East Indians of Caribbean"-옮긴이)

123쪽 바라트에 대해서는 누르 쿠마르 마하비르Noor Kumar Mahabir의 《숨죽인 울음The Still Cry》을 참조.

126~127쪽 노래 "한 배를 탄 형제들"은 마나브 비카스 산그라할라야Manav Vikas Sangrahalaya(인류 발달 박물관)의 인도인 디아스포라에 관한 전시에서 마리나가 가져온 것이다. 이 전시는 네덜란드 암스테르담의 왕립 열대 협회Royal Tropical Institute와 함께 공동으로 기획되어 인도 알라하바드Allahabad의 팬트 사회과 협회G.B. Pant Institute of Social Sciences에서 장소를 제공했다.

128쪽 노역 노동에 대한 더 많은 정보는 휴 틴커의 《노예제의 새로운 시스템A New System of Slavery》을 참조.

130쪽 이하 베추에 대한 정보는 클렘 시차란Clem Seecharan의 《베추Bechu》를 참고.

132쪽 사탕무 설탕 이야기에 관한 개요는 예컨대 B 131~136쪽과 같이 우리가 열거한 모든 책에 들어 있다. 설탕 공정 기계에 관해서는 www.sucrose.com을 참고.

133~134쪽 우리는 마크 가문의 이야기를 확인하고 특정 인물들과 지역들을 추적하기 위해 러시아에서 사탕무에 관하여 충분히 발견할 수 있기를 희망했다. 안타깝게도 우리에게는 그렇게 하기 위한 언어

능력이나 고문서고로 접근할 방법이 없었고 우리를 도와줄 학자를 찾지도 못했다. 러시아와 우크라이나에서 사탕무에 관한 보다 일반적 정보에 대해 우리는 온라인 도서관 케스티아를 이용하여 푸쉬카레프S.G. Pushkarev의 저서 《근대 러시아의 등장, 1801~1917 The Emergence of Modern Russia, 1801~1917》의 46, 280쪽. 제시 클라크슨Jesse Clarkson의 저서 《러시아의 역사 History of Russia》의 282쪽, 콘스탄틴 코노넨코Konstantyn Kononenko의 《우크라이나와 러시아 Ukraine and Russia》 123~126쪽 등의 자료를 깊이 탐구했다.

135쪽 (토막 지식:설탕 천재) 노버트 릴리외의 일화는 인터넷에서 찾기 쉽다.

136쪽 과학의 시대에 설탕의 급속한 확산에 대해서는 hubpages.com/hub/Artificial-Sweeteners-A-History에 있는 〈인공 감미료와 그 역사 Artificial Sweeteners: A History〉를 참조. 오늘날 브라질에서 사탕수수의 이용에 대해서는 알렉산드라 세노Alexandra A. Seno의 〈비즈니스: 설탕에 관한 진실 Business: The Truth about Sugar〉, 〈뉴스위크 인터내셔널 Newsweek International〉 2006년 5월 1일판을 참조.

|참고 문헌|

Abbott, Elizabeth. *Sugar: A Bittersweet History*. Toronto, Ont.: Penguin Books Canada, 2008. (SBH)

Ambrose, Stephen. *Undaunted Courage*. New York: Simon & Schuster, 1966.

Ashdown, Peter. *Caribbean History in Maps*. Trinidad: Longman Caribbean, 1979.

Banfield, Susan, *The Rights of Man, the Reign of Terror: The Story of the French Revolution*. New York: Lippincott, 1989. (ROM)

Barksdale, Richard, and Keneth Kinnamon, eds. *Black Writers of America*. New York: Macmillan, 1972. *The Interesting Narrative of the Life of Olaudah Equiano, or Gustavus Vassa, the African*을 수록하고 있다. (IN)

Bell, Madison Smartt. *Toussaint Louverture: A Biography*. New York: Pantheon Books, 2007.

Bender, Thomas. *The Antislavery Debate: Capitalism and Abolitionism as a Problem in Historical Interpretation*. Berkeley: University of California Press, 1992.

———, ed. *A Nation Among Nations: America's Place in World History*. New York: Hill and Wang, 2006.

Boissonnade, P. *Life and Work in Medieval Europe (Fifth to Fifteenth Centuries)*. Translated by Eileen Power. London: Kegan Paul, Trench, 1927.

Botkin, B.A., ed. *Lay My Burden Down: A Folk History of Slavery*. Chicago: University of Chicago Press, 1945.

Burnard, Trevor G. *Mastery, Tyranny, and Desire: Thomas Thistlewood and His Slaves in the Anglo-Jamaican World*. Chapel Hill: University of North Carolina Press, 2004. (MTD)

Burney, David, and Lida Pigott Burney. "Charcoal Stratigraphies for Kuai'i and the Timing of Human Arrival." *Pacific Studies 57*, no.2: 211~226.

Burrows, Edwin, and Mike Wallace. *Gotham: A History of New York City to 1898*. New York: Oxford University Press, 2000.

Clarkson, Jesse Dunsmore. *A History of Russia*. New York: Random House, 1961.

Curtin, Philip D. *The Rise and Fall of the Plantation Complex*. 2nd ed. Cambridge: Cambridge University Press, 1998. (RFP)

Davis, David Brion, *The Problem of Slavery in the Age of Revolution*, 1770~1823. Ithaca, NY: Cornell University Press, 1975.

Drescher, Seymour. *The Mighty Experiment: Free Labor vs. Slavery in British Emancipation*. New York: Oxford University Press, 2002.

Dubois, Laurent, and Julius S. Scott, eds. *Origins of the Black Atlantic*. New York: Routledge, 2010.

Eltis, David. *The Rise of African Slavery in the Americas*. Cambridge: Cambridge University Press, 2000.

———. "The Volume and Structure of the Transatlantic Slave Trade: A Reassessment." *William and Mary Quarterly 58*, no.1(January 2001): 17~46. (VS)

Favier, Jean. *Gold and Spices: The Rise of Commerce in the Middle Ages*. Translated by Caroline Higgitt. New York: Holmes & Meier, 1998.

Feltoe, Richard. *Redpath: The History of a Sugar House*. Toronto, Ont.: Dundum Press, 1991.

Follett, Richard. *The Sugar Masters: Planters and Slaves in Louisiana's Cane World, 1820-1860*. Baton Rouge: Louisiana State University Press, 2005. (SM)

Freedman, Paul. *Out of the East: Spices and the Medieval Imagination*. New Haven, Conn.: Yale University Press, 2008. (OE)

Funari, Pedro Paulo, Martin Hall, and Siân Jones, eds. *Historical Archaeology: Back from the Edge*. New York: Routledge, 1999.

Hall, Douglas. *In Miserable Slavery: Thomas Thistlewood in Jamaica, 1750-86*. Barbados: University of the West Indies Press, 1999.

Harms, Robert. *The Diligent: A Voyage Through the Worlds of the Slave Trade*. New York: Basic Books, 2002. (D)

Hochschild, Adam. *Bury the Chains: Prophets and Rebels in the Fight to Free an*

Empire's Slaves. Boston: Houghton Mifflin, 2005. (BTC)

Humphrey, John W., John P. Oleson, and Andrew N. Sherwood. *Greek and Roman Technology: A Sourcebook: Annotated Translations of Greek and Latin Texts and Documents*. London: Routledge, 1998.

Inikori, Joseph E. *Africans and the Industrial Revolution in England: A Study in International Trade and Economic Development*. Cambridge: Cambridge University Press, 2002.

———. "Slavery and Atlantic Commerce, 1650~1800." *American Economic Review* 82, no.2, 151~157.

Klein, Herbert S. *African Slavery in Latin American and the Caribbean*. New York: Oxford University Press, 1988.

Kononenko, Konstantyn, *Ukraine and Russia: A History of the Economic Relations Between Ukraine and Russia, 1654~1917*. Milwaukee, Wisc.: Marquette University Press, 1958.

Lawrence, Felicity. "Sugar Rush." *Guardian* xx (February 15, 2007): xx.

Macinnis, Peter. *Bittersweet: The Story of Sugar*. Crows Nest, Australia: Allen & Unwin, 2002. (B)

Magoun, H. W. "The Asuri-Kalpa: A Witchcraft Practice of the Atharva-Veda." *American Journal of Philology* 10, no.2 (1889), 165~197.

Mahabir, Noor Kumar, *The Still Cry: Personal Accounts of East Indians in Trinidad and Tobago During Indentureship, 1845~1917*. Tacarigua, Trinidad: Calaoux Publications, 1985.

Marks, Jeannette. *The Family of the Barrett: A Colonial Romance*. New York: Macmillan, 1938.

Menninger, Karl. *Number Words and Number Symbols: A Cultural History of Numbers*. Translated by Paul Broneer. Cambridge, Mass.: MIT Press, 1969. Reprint, New York: Dover Press, 1992.

Mintz, Sindney W. *Sweetness and Power: The Place of Sugar in Modern History*. New York: Viking, 1985. (SP)

Morgan, Edmund, and Helen M. Morgan. *The Stamp Act Crisis: Prologue to Revolution*. Chapel Hill: University of North Carolina Press, 1953. 2nd ed. with new introduction. 1995. (SAC)

Pirenne, Henri. *Economic and Social History of Medieval Europe*. New York: Harcourt Brace, 1954.

Polo, Marco. *The Travels of Marco Polo*. Translated by Ronald Latham. London: Penguin, 1958.

Pushkarev. S.G. *The Emergence of Modern Russia, 1801~1917*. Translated by Robert H. McNeal and Tova Yedin. New York: Holt Rinehart and Winston, 1963.

Schwartz, Stuart B., ed. *Slaves, Peasants, and Rebels: Reconsidering Brazilian Slavery*. Urbana: University of Illinois Press, 1996.

———, ed. *Tropical Babylons: Sugar and the Making of the Atlantic World, 1450-1680*. Chapel Hill: University of North Carolina Press, 2004. (TB)

Seecharan, Clem. *Bechu. "Bound Coolie" Radical in British Guiana 1894-1901*, The University of the West Indies Press, Kingston, Jamaica, 1999.

Sheridan, Richard B. "Africa and the Caribbean in the Atlantic Slave Trade." *American Historical Review 77*, no.1(February 1972): 15~35. (ACAS)

———. *Sugar and Slavery: An Economic History of the British West Indies, 1623-1775*. Kingston, Jamaica: University of West Indies Press, 1994. (SS)

Stols, Eddy. "The Expansion of the Sugar Market in Western Europe."

Strong, L.A.G. *The Story of Sugar*. London: Weidenfeld and Nicholson, 1954.

Thomson, Jim. "The Haitian Revolution and the Forging of America." *The History Teacher 34*, no.1(xx): xx.

Thornton, Hugh. *A New System of Slavery: The Export of Indian Labour Overseas, 1830~1920*. London: Oxford University Press, 1974.

Tinker, John. *Africa and Africans in the Making of the Atlantic World, 1400~1800*. New York: Cambridge University Press, 1992. 2nd ed., 1998.

Urata, Harry. *Voices from the Canefields: Folksongs from Japanese Immigrant Workers in Hawai'i*. Translated by Dr. Franklin Odo. 근간.

Wild, Antony. *The East India Company: Trade and Conquest from 1600*. New York: Lyons Press, 2000. (EIC)

———. *From Columbus to Castro: The History of the Caribbean, 1492~1969*. New York: Random House, 1970. Reprint, New York: Vintage Press, 1984. (FCC)

|웹사이트|

기초 조사를 위해 우리가 이용한 웹사이트의 논문 몇 편을 아래에 소개한다.

"How Sugar Is Made-the History"(이 논문과 다음 논문 두 편은 모두 동일한 웹사이트에 있다.)
www.sucrose.com/lhist.html(삽화 몇 개와 설탕의 역사를 간략히 요약한 것.)

"How Sugar Is Made"-the Different Types
www.sucrose.com/ltypes.html(다양한 설탕 종류 해설.)(해당 사이트에서 논문의 제목을 수정)

"How Sugar Is Made-an Introduction"
www.sucrose.com/learn.html(오늘날 설탕이 어디에서 생산되는지를 보여 주는 쌍방향 지도를 포함하고 있다.)

"Sugar" by J.H. Galloway; entry in *The Cambridge World History of Food*, edited by Kenneth F. Kiple and Kriemhild Coneè Ornelas
www.cambridge.org/us/books/kiple/sugar.htm(성인을 대상으로 한 좋은 백과사전으로 배경 조사에 유용하다.)

"Sugar Cane-History": www.plantcultures.org.uk/plants/sugar_cane_history.html (아주 짧은 논문이지만 우리는 아시아의 설탕에 관해 파악하기 위해 이 사이트로 재차 돌아와야 했다.)

"The High Price of Sugar", by Susan Miller; *Newsweek* Special Issue, Fall/Winter 1991, pp.70~74
www.muweb.millersville.edu/~columbus/data/art/MILLER01.ART (노예가 생산하는 설탕의 높은 인적 가치에 관한 훌륭한 요약본.)(해당 사이트는 2013년 8월 말 현재 접속 불가능하다. 이 논문은 faculty.lacitycollege.edu/moonmc/html/sugar.html에서 읽을 수 있다.-옮긴이)

|찾아보기|

ㄱ

감독관 8, 35, 45, 50, 56, 64, 69, 72, 75, 77, 85, 110, 112, 115, 117, 127, 128, 136, 140, 144, 168
 -토머스 시슬우드 항목을 보라.
감미료 17, 136, 144, 158, 170, 174
강가 줌바Ganga Zumba(위대한 군주) 70
게티즈버그 연설 103
고용 계약 노동자
 -감독관 127, 128, 136, 140, 144
 -개혁 130~131
 -노동 127
 -사티야그라하 9, 140~144
 -인도에서 온 고용 계약 노동자 119~122, 122~127, 142~143
 -쿨리 122, 125, 128, 130, 131
교황 우르반 2세 38
교황 클레멘트 9세 79
구면체 교역 8, 51
꿀 7, 16, 17, 18, 22, 24, 29, 155, 162
꿀벌 사냥꾼 17

꿀벌의 시대 22, 85, 90, 123, 133
과당 136
과들루프 49
과학의 시대 136, 144, 158, 174

ㄴ

나무 막대 싸움 69, 71
나탈 126, 137, 138, 139, 140, 158
나폴레옹 보나파르트 105, 108, 110, 132, 133, 157
네덜란드령 기아나(수리남), 설탕 플랜테이션 14, 70
네비스 48
네아르쿠스Nearchus 21, 22, 155, 162
노버트 릴리외Rilleux, Norbert 135, 174
노예제 폐지 93~97, 107~109
노예폐지론자 94, 95, 96, 97, 98, 99, 108, 109, 110, 121, 122, 143, 170
노예 해방 법안Emancipation Bill (영국 1833년) 14, 122, 156
노예해방선언(미국 1863년) 14
노예화된 사람들
 -건조장의 어머니들 55, 167
 -김매기 52, 112
 -노예시장에서 팔림 46~49
 -도주, 마룬 항목을 보라.
 -러시아인 41
 -보일러 55, 67, 167
 -봉기 100~109, 113, 120~121
 -사망률 77
 -삼각무역 51
 -생활공간 52, 72~78
 -설탕 결정이 만들어지는 순간 55
 -소유주 104, 107, 110
 -씨 뿌리는 사람 50
 -아프리카인 46, 49, 50, 51, 56, 62, 68, 70, 71, 77, 85, 88, 94, 95, 99, 100, 103, 106, 109, 110, 115, 121, 125, 128, 129, 134, 136, 138, 144, 165, 168, 169, 171
 -작업 49~67, 112
 -전문인 52
 -전쟁 포로 41
 -클라크슨 에세이 156
 -플랜테이션 41, 42, 43, 45, 46, 47, 48, 49
 -학대 72~78, 94~95, 108, 121, 138
 -해방 14, 75, 78, 88, 98, 99, 101, 105, 106, 107, 109, 122, 124, 133, 134, 144, 147, 157, 158
뉴기니 22, 23, 113, 155

ㄷ

다리우스 1세 22
달콤한 맛 26~29, 49, 83, 136, 144
당밀 16, 31, 51, 75, 89, 92, 158
당밀법 92, 157
대저택 71, 72, 73
도미니카공화국 45, 66, 136, 144, 160
독립선언(미국) 88, 93, 147
동인도회사 79, 80, 161, 169
두르가 여신Durga 24, 159

ㄹ

랍비 11, 12
러시아 11, 12, 13, 35, 39, 133, 134, 158, 174
레브니 34, 159
로드 액턴 Acton, Lord 77, 168
로마제국 32
로비네 테스타르 Testard, Robinet 39
루이스 하인 Hine, Lewis 139
루이지애나
-노예 봉기 110, 111
-루이지애나 영토 47, 105, 157
-설탕 플랜테이션 64, 66, 105, 109, 112, 135, 140, 152, 158, 173
-재즈 112, 113
루이 14세(프랑스 왕) 88, 164
루이 16세(프랑스 왕) 97, 157

ㅁ

마룬 8, 70, 104, 167, 172
마르티니크, 설탕 플랜테이션 47, 49
마르틴 루서 킹 주니어 143
마리 앙투아네트(프랑스 여왕) 97, 157
마리나 가족 13~16, 116, 129, 131, 134, 136
마크 가족 11~13
맥주 82, 169
모한다스 K. 간디 Gandhi, Mohandas K. 137, 138, 140, 141, 142, 143, 144, 153, 158
몬트세렛 48, 77
무슬림 164
  -무역 31, 35, 36, 37, 38, 156
  -설탕 플랜테이션 40, 41, 78
  -전쟁 29, 30
  -확산 32, 43, 122, 155
무함마드 29, 30

ㅂ

바라트 123
바베이도스
  -노예 시장 46, 47, 48, 49, 156
  -설탕 생산 46
바스티유 감옥 97
발라숨다람 137, 138, 143
버밍햄 여성 협회 98
베니스 37
베르길리우스(로마 시인) 18, 162
베추 130, 131, 174
벤저민 프랭클린 Franklin, Benjamin 93
볼리비아 "구면체 교역" 51
북아메리카 51, 70, 77, 80, 101, 105, 110, 147, 157, 166
  -미국 남부 109~113
  -사유재산 90
  -인종 평등 89~93
브라간자의 캐서린 80
브라질 69, 144, 147, 167, 168
  -설탕 46, 48, 50, 53, 55, 67, 70, 71, 136, 166
  -아프리카 노예 46, 47, 54, 76, 77, 113, 144, 165
  -에탄올 158, 174
비튼 부인 81
빌뇌브 부인 Villeneuve, madame 87

ㅅ

사산 제국 26, 28
사카린 136, 158
사탕무 12, 132, 133, 134, 135, 136, 139, 157, 158, 174
사탕무 설탕 132, 133, 134, 135, 136, 139, 157, 158, 174
사탕수수 10, 134
  -과정 30~32, 40~41, 42, 61
  -기원 22
  -노예 폐지론자와 노예화된 사람들, 고용 계약 노동자, 제왕의 서 항목을 보라.
  -단맛 49
  -먹기 19, 84
  -발견 22
  -연료 136
  -재배 40~41, 60
  -재배지 33
  -플랜테이션 41, 42, 43, 45, 117
'사탕candy'의 어원 26
사티야그라하 9, 140~143
산업 시대 85, 151
삼각무역 51, 166
새커거위아 Sacagawea 19
샹파뉴 시장 7, 33, 35~37, 156, 164
샤를 르클레르 Leclere, Charles 105
생 도밍그(아이티) 100, 101, 103, 105, 113, 156, 157
설탕
  -가격 130~131
  -무역 23, 36~38, 47~50, 51
  -사용 30, 35~38, 78~80, 82
  -삼각무역 51
  -세금 89~92
  -소비 93~96

-수확 58, 60, 111, 117, 145
-시럽 31, 40, 42, 54, 55, 67, 78, 84, 135
-에너지원 83
-운송 59, 60, 61
-정제 23, 28, 30, 31, 40, 41, 42, 55, 61, 114, 135, 155, 156
-차 80
-향신료 30, 33, 36, 82
-후식 82
설탕 결정 16, 23, 25, 40, 42, 54, 55, 58
설탕법 92, 158, 170
설탕의 시대 8, 18, 49, 85, 88, 89, 93, 137
설탕 조각 34, 78
《설탕 1파운드의 역사》 60~61
세실 조지George, Ceceil 110, 173
세인트 키츠 48, 62
쇼쇼니족 19, 162
수크랄로오스sucralose 136, 158
술탄 아흐메드 3세 34
숫자 0의 발견 30
스페인
 -바위그림 17
 -탐험 43, 46, 51, 76, 156
스페인-미국 전쟁(1898년) 114
시에라리온 109
십자군 38, 155, 164

ㅇ

아라비아숫자 30, 31
아스파탐 136, 158
아시아에서 온 노동자들
 -인도 9, 14, 119, 120, 122~144, 149, 152, 153, 158, 173
 -일본 114, 115, 158
 -중국 114, 144, 153, 158
 -한국 114, 144
아메리카 혁명(독립 혁명) 96, 99, 100
아멜리 오피Opie, Amelie 96, 160
아이티
 -노예 봉기 100~102, 104~106, 108
 -독립 107, 108
 -설탕 플랜테이션 49
 -평등(인종) 100~109
 -히스파니올라 항목을 보라.
아조레스제도 43, 113, 156
아즈텍인 46
아타르바베다 24, 25, 162, 163
아프리카 17, 30, 43, 45, 46, 49, 50, 51, 70, 72, 77, 78, 99, 109, 110, 114, 125, 126, 137, 140, 141, 143, 152, 153, 158, 161, 165, 166, 168, 172
아프리카인과 노예제 반대를 위한 페캄 여성 협회 95
안드레아스 마르그라프Marggraf, Andraeas 132, 158
안티과 48, 56, 166
알렉산더대왕 21, 30, 155, 162
알로에 37, 39, 159
약용 식물 10
앨린 W. 아일랜드Ireland, W. Alleyne 128
연표 155~158
영국
 -공장들 82~85
 -농장주의 생활 90
 -반노예제 운동 122, 156, 165, 170, 171
 -북아메리카 식민지 세금 89~93
 -평등(인종) 93~93, 107~109
 -설탕 12, 14, 15, 37, 46, 48, 134, 156, 169, 170
 -의회 89, 90, 91, 92, 108, 121
 -차 80, 81, 82, 83, 84
 -투표권 103, 121
 -해군 132, 133
 -7년 전쟁 92
영국령 기아나 14, 120, 121, 124, 129, 130, 134, 136, 138
에드윈 로스캄Rosskam, Edwin 64
에이브러햄 링컨Lincoln, Abraham 104, 106, 133, 158
에탄올 136, 158
에프라임 놀턴Knowlton, Ephraim 111
엘런 베츠betts, Ellen 109, 172
엘리자베스 로스 하이트Hite, Elizabeth Ross 112
엘리자베스 헤이릭Heyrick, Elizabeth 98
예수 38, 88
오스만제국 34, 152
옥수수 시럽 85, 136, 158
올라우다 에퀴아노 49, 50, 72, 75, 77, 94, 95, 156, 161, 165
유럽
 -사치품이었던 설탕 78, 79, 80
 -삼각무역 51
 -샹파뉴 시장 7, 35, 37, 156, 164
 -신세계 식민지 15, 49, 70, 89, 97, 100, 103, 109, 114, 120, 121, 124, 125, 128, 129, 143, 156, 157, 158
 -전쟁 38, 40, 91
 -중세의 삶 32~35, 36
 -지도 33
 -차 80
윌리엄 벡포드Beckford, William 90, 91, 170
윌리엄 앨런Allen, William 122

윌리엄 윌버포스Wilberforce, William 108, 122
윌리엄 클락Clark, William 56, 61, 160
은 광산 51
음악 68~69, 112~113, 114~116
이스라엘 11, 13, 38, 116
이집트의 설탕 재배 23, 30, 31, 32, 33, 156, 164
인간과 시민의 권리에 관한 선언 97, 156
인권 98, 99, 100, 106, 121, 122
인도
 -고용 계약 노동자 119~122, 122~127, 142~143
 -남아프리카로 간 노동자 122~126
 -무역 51, 80
 -발견 21~22
 -삼각무역 51
 -설탕에 관해 첫 번째로 쓰여진 기록 23~25
 -인도에서 온 설탕 96
 -인도에서 온 차 79~80
 -자하지이 바이jahajii-bhai 125
 -재배 25
 -종교 123
 -카스트제도 123, 129, 137, 161
일본
 -노래 114, 115
 -일본에서 온 노동자 114, 115, 116, 158
 -홀레홀레 부시 항목을 보라.

ㅈ

자메이카
 -노예 봉기 70, 75, 172
 -벡포드의 부동산 90, 91, 170
 -설탕 플랜테이션 46, 47, 48, 50, 52, 72, 73, 90, 91, 101, 156, 166, 168
 -카디프 홀 대저택 71
 -트렐로니 마을 104
장 드 주앵빌Joieville, Jean de 36, 164
저임금 노동 97
전쟁
 -정보 교환 38, 40
 -종교 38, 40
 -포로 41
절임 75
재즈 112, 113
제라드 비크만Beekman, Gerard 51, 166
제왕의 서 26, 159
제인 오스틴 〈맨즈필드 공원〉 73
조지 로버트슨Robertson, George 91
조지 3세(잉글랜드 왕) 108
존 가브리엘 스테드만Stedman, John Gabriel 70
존 글래드스턴Gladstone, John 120, 121, 122
존 린지 신부Lindsay, Rev. John 101
존 스미스Smith, John 120, 121
존 애덤스Adams, John 93, 106, 158
준디 샤푸르 대학교 23, 26, 28, 29, 30, 155, 163, 164
줌비 70
지도
 -대서양을 건넌 설탕 47
 -브라질 해안 지역 48
 -사탕수수 재배지 33
 -설탕과 대서양 노예제 76
 -설탕의 확산 23
 -인도 고용 계약 노동자들 126

ㅊ

차 79, 80, 81, 98, 122, 169
차 휴식 82, 83, 84, 133
찰스 데슬로드Deslondes, Charles 112
찰스 2세 80
천(패브릭)
 -공장 노동자, 영국 공장 항목을 보라.
 -영국 공장에서 만든 천 83, 84
 -인도 무역으로 온 천 51

ㅋ

카나리아제도 43, 47, 156
카디프 홀 대저택 71
카리브 해
 -노예선 94, 95, 108
 -삼각무역 51, 166
 -설탕 플랜테이션 12, 13, 45, 48, 50, 51, 67, 73, 74, 75, 76, 77, 90, 105, 108, 110, 111, 117, 153, 161, 162, 166
 -인도에서 온 고용 계약 노동자 120, 123~144, 149, 153, 173, 174
카미나Quamina 121, 122
카스라 아누쉬르반Kasra Anushirvan 26, 28
캠브리지 대학교 93
쿠란 30
쿠바
 -룸바 69, 167
 -설탕 플랜테이션 47, 110, 134
쿨리 122, 125, 128, 130, 131

크리스토퍼 콜럼버스Columbus, Christopher 43, 45, 78, 99, 113, 114, 156, 157, 161, 169

ㅌ

토머스 시슬우드Thistlewood, Thomas 72, 74, 75, 85, 90, 114, 167, 168
토머스 제퍼슨Jefferson, Thomas 93, 97, 106, 110, 157, 158
토머스 클라크슨Clarkson, Thomas 93, 94, 95, 96, 97, 99, 107, 108, 122, 156

ㅍ

팔마레스 8, 70, 167
평등(인종)
  －미국 89~93
  －아이티 100~108
  －영국 93~97, 107~109
  －프랑스 87~89, 97~99, 105~106
페드로 카브랄Cabral, Pedro 46
포르투갈
  －무역 46, 48, 80, 114
  －탐험 43, 46, 156
폴리 호 89, 158, 170
폴린Pauline 87, 88, 156, 170
푸에르토리코
  －봄바 68, 113, 167
  －설탕 플랜테이션 47, 63, 64, 160
풍차 38
프랑스
  －나폴레옹 105, 108, 110, 132, 133, 157

  －사탕무 136
  －제국 164
  －평등(인종) 87~89, 97~99, 105~106
  －프랑스혁명 항목을 보라.
  －7년 전쟁 92
프랑스령 기아나, 설탕 생산 49, 50, 76, 88, 157
프랑스 인디언 전쟁, 7년 전쟁 항목을 보라.
프랑스혁명 100, 105, 147, 156, 171
플랜테이션
  －가열실 40, 53, 54, 55, 58, 67, 135
  －노예, 설탕 농장에서 일한 노예화된 사람들 항목을 보라.
  －단계 56~61
  －대저택 71, 72, 73
  －"돼지고기 일당hogmeat gang" 52
  －법률 131
  －사망률 77, 112
  －사탕수수 베기 14, 53, 54, 58, 64, 67, 111, 116, 139, 143
  －설탕 가공 55
  －침략, 무슬림과 설탕 플랜테이션 항목을 보라.
  －카리브 해 12, 13, 45, 48, 50, 51, 67, 73, 74, 75, 76, 77, 87, 90, 105, 108, 110, 111, 117, 124, 127, 129, 132, 134, 139, 140, 144, 147, 153, 160, 161, 166, 168, 169
피르다우시Fridawsi 26, 159
피바Phibbah 75
피에르 르메르 주니어 88, 97, 170
피타고라스 31
필리핀에서 온 노동자들 114, 144

ㅎ

하와이
  －발견자 23
  －설탕 플랜테이션 64, 113~117
  －아시아에서 온 노동자 항목을 보라.
  －음악 114~116
  －인종 다양성 116
한국에서 온 노동자 114, 144
향신료
  －무역 37
  －아시아에서 온 향신료 32~43
혁명의 시대 99, 170
헤로도토스 22, 155
헨리 던대스Dundas, Henry 103
헨리 데이비드 소로Thoreau, Henry David 142
헨리 트리멘 Trimen, Henry 10
헨리 3세(잉글랜드 왕) 37, 78, 133, 156
홀레홀레 부시 114, 115, 173
후추 33, 36, 37
휴 틴커Tinker, Hugh 128, 152, 174
흑인법Black act 141, 142, 143, 156
히스파니올라 45, 46, 47, 49, 102, 114, 156, 157
  －아이티와 도미니카공화국 항목을 보라.